Les Infiltrés

Des mêmes auteurs

Matthieu Aron

Le piège américain : l'otage de la plus grande entreprise de déstabilisation économique raconte, avec Frédéric Pierucci, JC Lattès, 2019.

Les Grandes plaidoiries des ténors du barreau : quand les mots peuvent tout changer, édition augmentée, Mareuil Éd., 2016.

Folles rumeurs : les nouvelles frontières de l'intox, avec Franck Cognard, Stock, 2014.

L'Indignée de la République, avec Marie-France Etchegoin, Robert Laffont, 2012.

Gardés à vue, Les Arènes, 2010.

Le bûcher de Toulouse : d'Alègre à Baudis ; histoire d'une mystification, avec Marie-France Etchegoin, Grasset, 2005.

Eva ou La Justice est un roman, avec Marie-France Etchegoin, Robert Laffont, 2002.

Caroline Michel-Aguirre

La Syndicaliste, Stock, 2019.

Matthieu Aron
Caroline Michel-Aguirre

Les Infiltrés

ALLARY ÉDITIONS
5, RUE D'HAUTEVILLE, PARIS Xe

INTRODUCTION

C'est l'histoire d'un putsch progressif, presque rampant, sans effusion de sang mais qui, de l'intérieur, a changé la France. Depuis vingt ans, les « cabinets de conseil »[1] se sont installés au cœur de l'État. Cette histoire n'a jamais été véritablement racontée. Et cette prise de pouvoir encore moins démocratiquement approuvée. Les choses se sont faites par acceptations ou résignations successives. Il ne s'agit en rien d'une conspiration. L'État a été parfaitement consentant. Il a même payé pour s'effacer ou se diluer. Ce livre relate ce suicide assisté.

Pour nous, tout a commencé en janvier 2021 lorsque tombe cette stupéfiante nouvelle : sans l'appui du cabinet américain McKinsey, le ministère de la Santé aurait été incapable de lancer sa campagne de vaccination contre le coronavirus. Incroyable fiasco qui s'est renouvelé pour les équipements en masques, la fourniture de tests, ou la conception de l'application TousAnti Covid puisque le gouvernement, nous l'apprendrons en enquêtant pour notre journal *L'Obs*, n'a pas fait appel au seul cabinet américain : il a déboursé des dizaines de millions d'euros dans une myriade de contrats passés avec de multiples sociétés de consulting ! Voici donc un pays, la France, doté des infrastructures médicales

les plus modernes, de hauts fonctionnaires formés aux meilleures écoles, d'une Administration apparemment robuste, d'une dépense publique parmi les plus élevées de la planète, dont l'exécutif n'a pas su, ou voulu, s'appuyer sur ses propres agents face à une menace aussi grave qu'une pandémie. Comment en est-on arrivé là ? Les initiés, dans les services de l'État, nous disaient : « C'est comme ça partout ! Pas seulement à la Santé... » Ah bon ? Où précisément ? Avec qui ? Et à quel prix ? Motus et bouche cousue : les ministères ne communiquent pas sur leurs frais en consulting.

En mai 2021, c'est à Amélie de Montchalin, la ministre de la Transformation et de la Fonction publiques, chargée de superviser les plus importants marchés, que nous demandons le montant de ces dépenses. Sa réponse est aussi simple que courte : elle n'en sait fichtrement rien. Se moque-t-elle ? Apparemment non. Il semble que même le gouvernement ignore à combien s'élève la facture. Les rapports de la Cour des comptes ? Trop anciens ou trop parcellaires. Nous finissons par dénicher la seule recension un tant soit peu fiable : celle d'un obscur organisme gouvernemental, l'Observatoire économique de la commande publique, qui liste les achats de l'État et de ses opérateurs (hors collectivités territoriales). Il en ressort que le défraiement de prestataires extérieurs, qui se chiffrait à 9 milliards en 2005, a atteint... les 28 milliards en 2019. C'est dans cette enveloppe que se cachent, parmi d'autres dépenses (restauration, gardiennage, transports, hôtellerie, immobilier etc.), les contrats de consultants. Et aussi dans une austère plateforme, TED (Tenders Electronic Daily), inconnue du grand public, mais où apparaissent tous les marchés publics européens dépassant les 40 000 euros. De longues journées ont été consacrées à croiser toutes ces données et à éplucher, un à un, les appels d'offres lancés par l'État. Ont ainsi défilé sous nos yeux des milliers de contrats portant sur des conseils pour le pilotage de grandes réformes, pour la refonte de services publics, pour la rationalisation du système de santé, pour la réduction d'effectifs dans l'Administration, pour des audits financiers confiés jadis aux inspections, pour de l'assistance juridique, pour la gestion des relations humaines, pour l'informatisation de la police ou de la défense, pour la réorganisation des grandes écoles, pour la communication et la formation (y compris des magistrats), pour les sondages d'opinion, pour la publicité de l'action gouvernementale... Compte tenu de leur diversité, il nous a été impossible d'agréger cette constellation de marchés avec une absolue précision. On peut juste donner une fourchette : les sommes versées aux cabinets de conseil oscillent entre 1,5 et 3 milliards d'euros par an. Soit, au plus haut de cette moyenne, l'équivalent du budget du ministère de la Culture.

Après s'être plongés dans cette masse de documents, on est comme saisis de vertige : l'État est devenu littéralement « consulto-dépendant », allant jusqu'à se faire conseiller sur sa stratégie militaire, sur les coupes budgétaires en matière d'organisation de ses armées ou sur l'analyse des risques dans la zone subsaharienne. Même la Banque de France délègue à des experts privés la protection de ses coffres. Aucun domaine, de la lutte contre la radicalisation au renseignement économique, ne semble échapper à la « consultomania », laquelle atteint son apogée pour la numérisation des services de l'État. Près de 90 % de ces grands chantiers informatiques, clé de voûte de la modernisation vantée et désirée par les gouvernements successifs, sont aux mains de cabinets de conseil, pour la plupart étrangers. Pour un enjeu aussi crucial, la prise de contrôle est quasi totale.

Durant cette enquête, nous avons rencontré une cinquantaine de hauts fonctionnaires, de parlementaires, de ministres ou d'anciens ministres, de sociologues, de consultants juniors ou seniors. Beaucoup ont préféré nous parler sous couvert d'anonymat. Les agents de l'État, parce qu'ils sont tenus par un droit de réserve. Les salariés des cabinets de conseil, car ils ont une obligation de confidentialité. Et craignent pour leur emploi. Tous nos interlocuteurs nous ont néanmoins décrit comment la fonction publique a été dépouillée d'une partie de ses compétences – y compris dans des domaines régaliens comme la justice, la police ou l'armée – pour le plus grand bénéfice de sociétés privées, le plus souvent américaines. À coup « d'indices de performance », d'« expérimentations comportementales », de « choc de productivité », ces cabinets n'ont eu de cesse de vendre la promesse d'un État « amaigri ». Leurs méthodes et leurs discours ont subrepticement envahi la sphère politique et médiatique. Ces as du conseil ont aussi le sens du commerce. Ils diagnostiquent, ou décrètent, les problèmes, puis vendent leurs services pour les résoudre.

Si les « infiltrés » se sont immiscés au cœur du pouvoir, c'est parce qu'ils y ont été invités. Leurs prestations ont gonflé à mesure de la réforme de l'État, lancée sous le quinquennat Sarkozy, à l'occasion de ce que l'on a appelé la RGPP, la Révision générale des politiques publiques, la mesure la plus visible de ce programme (le non-remplacement d'un fonctionnaire sur deux) agissant comme un arbre qui cache la forêt. Qui a alors compris que cette course aux économies allait ouvrir grand la porte au consulting ? Le président Hollande, successeur de Nicolas Sarkozy, a tout juste ralenti le mouvement. Et Emmanuel Macron, conseillé et soutenu par des consultants de McKinsey lors de la campagne présidentielle de 2017, semble l'avoir porté à son acmé. Ce chef de l'État si féru de « diagnostics », de « process », de « plan de transformation » use d'une langue toute imprégnée par le volapük du consulting. Pas plus que ses prédécesseurs, pourtant, il n'a prévenu ses électeurs des conséquences de cette emprise : irréversibilité (une compétence « externalisée », selon l'expression en vigueur, est le plus souvent impossible à « réinternaliser »), perte de savoir-faire des fonctionnaires, affaiblissement de l'État, et abandon de souveraineté.

Les usagers des services publics ont-ils au moins bénéficié de cette transformation de nos administrations ? Entre 2018 et 2019, trois études successives[2], dont une pilotée par le gouvernement, sont parvenues aux mêmes conclusions : les Français déplorent une lente et implacable dégradation de la qualité de leurs services publics. Tout particulièrement dans les zones rurales. Ce sentiment « d'abandon » a fait naître une colère qui s'est transformée en cri lors des manifestations des Gilets Jaunes. Et depuis peu ce sont les fonctionnaires eux-mêmes qui sortent de leur réserve. À l'automne 2021, 3 000 magistrats « en colère », soit un tiers de la profession, dénoncent dans une lettre ouverte des injonctions à aller « toujours plus vite », à « faire du chiffre » et au final une dramatique « perte de sens » de leur métier. Les soignants, en première ligne depuis le début la pandémie, s'époumonent eux aussi à dénoncer le manque de personnel. Au printemps 2021, de façon totalement inédite, de très hauts fonctionnaires, magistrats de la Cour des comptes, sous-préfets ou inspecteurs des finances, se regroupent au sein de deux collectifs : « Nos services publics » et « Sens du service public » pour lancer un SOS et alerter sur « une externalisation galopante » des fonctions assurées autrefois par l'Administration. « Nos services publics » calcule même que, depuis une trentaine d'années, l'État a délégué à des sociétés privées l'équivalent d'un quart de son budget ! Sans que les déficits aient été pour autant maîtrisés. Recourir à un consultant coûte en effet en moyenne quatre fois plus cher que de s'appuyer sur un agent administratif. Les experts en coupes budgétaires coûtent cher, et notre dépense publique, même avant la crise du Covid, continuait de grimper. Dans un mouvement de balancier mortifère, plus l'État externalise, plus les Français sont insatisfaits, plus les fonctionnaires se sentent évincés, et plus la dette se creuse. Les responsables de la santé publique parlent entre eux du « paradoxe du serpent ». Ou comment l'État paie deux fois. La première pour que des cabinets l'incitent à rogner les budgets, la seconde pour que ces mêmes cabinets l'aident à suppléer les carences qu'ils ont eux-mêmes contribué à organiser.

Cette situation ubuesque n'a jamais donné lieu au moindre débat public. L'infiltration s'est déroulée à bas bruit. Dans une société où l'on pense tout savoir de tout le monde et à tout instant, les consultants auront réussi le tour de force de passer sous les radars du contrôle parlementaire. Les médias auront été longtemps tout aussi aveugles. Il faut dire que les cabinets de consulting savent se faire discrets. En décembre 2021, alors que nous terminions ce livre, nous avons été auditionnés par des sénateurs qui venaient d'obtenir l'ouverture d'une commission d'enquête sur les cabinets de conseil. Ils voulaient savoir si nous étions parvenus à nous procurer le chiffre des dépenses de l'État en consulting. Eux-mêmes, malgré leur pouvoir d'investigation au sein des ministères, se rendaient compte que c'était quasiment mission impossible...

L'anecdote prêterait à sourire s'il ne s'agissait pas de notre argent, et de nos administrations. Combien nous coûte cette consultomania ? Pour quels résultats ? Quelles sont les méthodes de ces grands cabinets ? Quels liens entretiennent-ils avec nos responsables politiques ? Ces questions ne peuvent plus rester sans réponse. Il est temps de lever le voile sur ce putsch silencieux.

Chapitre 1

Covid : les grands cabinets à la manœuvre

Les Français ont découvert le général Jean-Claude Gallet, son visage gris de fatigue, sa voix lasse mais ferme, le 15 avril 2019, au soir de l'incendie de Notre-Dame. Sanglé dans son uniforme orange des sapeurs-pompiers de Paris, le commandant de la brigade s'avance vers les micros et annonce au pays qui retient son souffle que la mythique cathédrale a échappé à l'effondrement. Ce jour-là, grâce à son sang-froid, son esprit de décision et sa lucidité, le général Gallet gagne un surnom : «le Sauveur de Notre-Dame».

Près d'un an plus tard, le gouvernement le rappelle au chevet de la nation. La vague de Covid-19 menace de ravager les services de santé. Le général doit, en extrême urgence, trouver des masques, répertorier les respirateurs et décider dans quels hôpitaux les positionner au plus près des besoins. Au petit matin du 13 mars, le Sauveur de Notre-Dame débarque avenue de Ségur, au ministère de la Santé. «Effroi», racontera-t-il plus tard[3]. Le pays traverse un tsunami sans précédent, les services de réanimation risquent la saturation, l'officier qui, sous l'uniforme des forces armées, a connu les points les plus chauds de la planète, s'attend à trouver une atmosphère de ruche bourdonnante, des fonctionnaires au garde-à-vous, prêts à combattre l'ennemi invisible. Il découvre des bureaux déserts, des couloirs silencieux. À la place des cadres qu'il espérait, on lui impose deux consultants d'un grand cabinet de conseil. Ils doivent l'accompagner dans sa mission, l'aider à établir l'ordre du jour de ses réunions. Leur présence est toute virtuelle, puisque les deux consultants ne sont pas là physiquement, ils doivent animer les réunions via l'application de visioconférence Teams.

Le militaire, déstabilisé par cette interférence, tente de résister à cette intrusion du secteur privé. « Et puis, nous raconte l'un de ses proches, il a fini par comprendre que c'était impossible. Il lui a semblé que dans ces conditions il ne pouvait se rendre utile, il a fini par partir. » Ce grand cabinet de conseil américain, positionné au cœur des décisions stratégiques de l'État français, c'est McKinsey. Son implication aux côtés du gouvernement va rester l'un des secrets les mieux gardés de la République pendant presque un an.

C'est le 4 janvier 2021 que l'information commence à fuiter, au détour d'un article publié d'abord en anglais par le site d'information Politico. On y apprend que McKinsey épaule les autorités françaises dans sa politique vaccinale. Mais le cabinet *made in USA*, fort de 33 000 salariés et surnommé « La Firme », a beau être le leader mondial du conseil en stratégie, réputé pour son extrême efficacité, la France reste à la traîne, comptant seulement, en ce début d'année, quelques milliers de personnes vaccinées tandis que le Royaume-Uni en dénombre déjà un demi-million, l'Allemagne presque 320 000 et l'Espagne près de 140 000. Le gouvernement de Jean Castex peut bien convoquer les caméras pour filmer en direct la piqûre administrée à Mauricette, 78 ans, habitante de Sevran, entre Noël et le jour de l'An, il apparaît assez vite que rien n'est prêt.

« Les Allemands piquaient à tour de bras, et nous, on avait Mauricette. C'était ridicule et grotesque », se souvient le professeur André Grimaldi, fondateur du Collectif Inter-Hôpitaux. « Dans mon hôpital, poursuit-il, un jour on avait trop de vaccins, le lendemain on n'en avait plus. Les gens prenaient leurs rendez-vous via le site privé Doctolib, qui les envoyait à 200 kilomètres de chez eux. C'était une catastrophe ». Pourtant, à cette époque, les autorités ont déjà dépensé des millions d'euros en conseil...

Ainsi, à la veille de Noël, lors d'une réunion avec les directeurs des agences régionales de santé et les responsables de grands hôpitaux, le ministre de la Santé, Olivier Véran – rapporteront plus tard des participants – a confié à un consultant de McKinsey le soin d'exposer le plan de vaccination du gouvernement et son calendrier. Ce consultant s'appelle Maël de Calan[4]. Diplômé d'HEC et de Sciences Po, fils d'une figure du patronat français, il a effectué une longue carrière chez les Républicains dans le sillage d'Alain Juppé, avant de rejoindre McKinsey dont il est aussitôt devenu « partenaire associé ». Ce CV semble avoir suffi à le transformer en expert de la vaccination. Plus que tous les fonctionnaires du ministère de la Santé réunis !

Quinze jours plus tard, l'intervention de l'associé de McKinsey déclenche les foudres de l'opposition. Olivier Faure, premier secrétaire du parti socialiste, dénonce la « disqualification des agents de l'État », le député des Verts, Yannick Jadot, réclame « la transparence complète sur les contrats passés », Valérie Boyer et dix-neuf autres sénateurs des Républicains écrivent au président de la République pour obtenir des éclaircissements sur « l'utilité de ces prestations. » Interrogé à l'Assemblée nationale, le ministre Olivier Véran ne se montre pas très loquace. « Il est tout à fait classique et cohérent de s'appuyer sur l'expertise du secteur privé », élude-t-il. En conférence de presse, le porte-parole du gouvernement, Gabriel Attal, banalise : « Les cabinets de conseil sont utilisés depuis plusieurs années par plusieurs gouvernements lorsqu'ils élaborent et mettent en œuvre de grands projets nécessitant un soutien et des conseils stratégiques ou logistiques ».

Ces réponses lapidaires alertent une parlementaire, Véronique Louwagie, députée (Les Républicains) de l'Orne et membre de la commission des finances. Réputée pour sa compétence et son assiduité, cette Normande tient à préciser qu'elle n'a « absolument rien contre les cabinets de conseil ». C'est même tout le contraire : elle a travaillé comme consultante pour des entreprises durant la première partie de sa vie professionnelle. Elle exerçait le métier d'experte-comptable et de commissaire aux comptes, missionnée pour vérifier et valider les comptabilités. Autant dire que la députée Véronique Louwagie s'y connaît en additions et en soustractions, en contrats de sous-traitance et en budget de l'État. Et c'est justement au regard de cette expérience qu'elle se montre intriguée par ces achats de conseil en pleine crise du Covid. Elle doit batailler, menacer, pour en obtenir le détail. «J'ai écrit, nous raconte-elle, au ministre de la Santé pour qu'il me communique les contrats, en précisant que dans l'hypothèse où ces documents ne me seraient pas remis, je n'excluais pas d'aller les chercher moi-même en réalisant une saisie de pièces sur place, comme nous le permet la loi organique relative aux lois de finances.»

Les marchés qui lui seront finalement transmis ne représentent, selon elle, qu'une «petite partie de l'iceberg». Il en existe d'autres, payés par d'autres organismes publics, comme la Caisse nationale d'assurance maladie, qui ne relèvent pas des attributions de la commission des finances. Il n'empêche, Véronique Louwagie a quand même réussi à mettre la main sur 47 commandes passées par le ministère de la Santé entre le 12 mars 2020 et le 4 août 2021 (date des derniers documents qu'elle a pu se procurer). Les bénéficiaires ? Sept grands cabinets : McKinsey, Accenture, JLL, Roland Berger, CGI, Deloitte ainsi que Citwell, la seule société française. Le tout, pour un montant de près de 25 millions d'euros.

Ces données, même incomplètes, sont aujourd'hui les seules disponibles sur le sujet. Trois cent cinquante pages de documents que la députée a synthétisées en un tableau Excel. On peut y lire, de gauche à droite, la date de signature du contrat, le nom du bénéficiaire, la nature plus ou moins détaillée de la prestation, et le montant du contrat.

Le marché de la panique

Nous nous sommes plongés dans ces centaines de pages de documents, ce langage codé administratif, ces acronymes. En décortiquant ces 47 commandes passées en dix-huit mois, en analysant leur nature, les dates, leur rythme, on reste hagard. On peut quasiment suivre au jour le jour l'immixtion des cabinets de conseil dans la manière dont l'État a géré la crise. Mais aussi, les failles de la puissance publique, son attentisme, ses non-dits, et, surtout, ses moments de panique.

12 mars 2020, prise de parole d'Emmanuel Macron à la télévision. « Notre pays fait face à la propagation d'un virus. Le Covid-19 a déjà touché plusieurs milliers de nos compatriotes ». Le président se veut néanmoins rassurant : « Durant plusieurs semaines, nous avons préparé, agi ». Il est toujours intéressant de confronter les discours aux faits. Car, en coulisses, ce même 12 mars, le ministère de la Santé signe un contrat avec le cabinet

Citwell. Malgré son nom à consonance anglo-saxonne, cette société a été créée en 2004 par le Français Laurent Penard, un ingénieur centralien, qui a fait toute sa carrière dans le conseil en approvisionnements, la *supply chain* comme on dit en anglais. C'est à lui qu'Olivier Véran confie la mission de venir en aide à Santé publique France, l'agence gouvernementale chargée des questions sanitaires. Objectif : connaître l'état des stocks de masques en France.

Un deuxième contrat suit six jours plus tard, le 18 mars, toujours pour les masques, puis un troisième, le 24 avril, incluant cette fois tous les équipements de protection individuelle (gants, lunettes, charlottes, etc.). Puis un quatrième, le 18 juin, pour les médicaments. Et cela continue ainsi, à raison d'un contrat tous les deux mois. En tout, Citwell va toucher 6,7 millions d'euros. « Nous n'avions pas le choix : il n'y avait pas d'expert de la logistique au ministère de la Santé et il fallait faire vite », justifie un ancien conseiller de Matignon.

Question : pourquoi l'Administration a-t-elle attendu le 12 mars, jour de l'allocution présidentielle, pour s'inquiéter de l'état des stocks de masques alors que, de la bouche même d'Emmanuel Macron, l'épidémie était dans toutes les têtes depuis plusieurs semaines et que le gouvernement était censé s'être « préparé », avoir « agi » ? Autre interrogation : le ministère des Armées, qui s'y connaît en organisation logistique complexe, ne pouvait-il fournir aucun spécialiste ? D'autant que Citwell ne comble pas le manque supposé.

En juillet 2020, le ministère de la Santé doit faire appel à un deuxième spécialiste des approvisionnements, le groupe JLL (Jones Lang LaSalle), coté à la Bourse de Chicago, chargé du suivi logistique et de la distribution des équipements individuels de protection à partir de la rentrée de septembre. Dans la foulée arrive un troisième cabinet, Roland Berger, une société allemande bien implantée en France auprès des pouvoirs publics. Roland Berger va apporter son expertise pour l'approvisionnement et la distribution des produits de santé auprès de la « cellule de crise interministérielle logistique – moyens sanitaires ». Celle-ci vient d'être créée par le ministère de la Santé pour chapeauter l'agence Santé publique France, que le gouvernement ne juge pas à la hauteur et qui est donc renvoyée au rang de simple exécutante.

Mais cette politique du « ceinture et bretelles » – une cellule dirigeant une agence censée gérer l'épidémie – a pour conséquence que plusieurs cabinets de conseil interviennent sur des problématiques similaires : Citwell et JLL pour Santé publique France, Roland Berger pour la cellule logistique, dans un enchevêtrement de responsabilités qui sera déploré, plus tard, par la commission d'enquête sénatoriale sur la gestion de la crise sanitaire.

20 novembre 2020, le Royaume-Uni s'apprête à lancer sa campagne de vaccination. Le gouvernement

français a prévu de démarrer la sienne mi-janvier, mais l'avance prise outre-Manche, largement commentée dans l'opinion publique, l'oblige à précipiter son calendrier. La panique gagne le ministère de la Santé, qui signe des commandes de conseil à tour de bras. Il faut en urgence créer un système informatique permettant de suivre la vaccination de millions de Français, ainsi que l'état des stocks de vaccins. Pour la gestion des stocks, la planification et l'envoi de vaccins, le gouvernement fait de nouveau appel aux cabinets JLL et Citwell.

Quant à la création d'un système informatique capable de collecter toutes les données de la vaccination (état civil du patient, date et lieu des injections, vaccin utilisé, nom du praticien, etc.), le ministère de la Santé la confie à Accenture, un leader américain du conseil en informatique (674 000 salariés), connu pour travailler en partenariat avec Microsoft, autre géant d'outre-Atlantique, pour la conservation virtuelle des données dans le « cloud ». Un choix surprenant alors qu'un mois pile avant la signature de ce contrat, le 9 octobre 2020, la Commission nationale informatique et libertés (CNIL) avait demandé au gouvernement de cesser d'héberger les données de santé des Français chez Microsoft ou toute autre société de droit américain, du fait des risques de fuite d'informations sensibles sur la santé de la population française...

Malgré cette mise en garde, le ministère de la Santé persiste. Il privilégie Accenture pour gérer le système d'information de la vaccination. Pourtant, une entreprise française s'était déclarée intéressée par ce marché : Syadem, créée en 2009 par des ingénieurs et des médecins, justement pour développer des applications médicales. La PME a notamment développé un carnet de vaccination numérique, MesVaccins.net, qui pourrait peut-être faire l'affaire.

C'est à ce stade que l'histoire devient folle. Car pour s'assurer des capacités techniques et financières de cette petite entreprise, le ministère décide de commander un audit à... Accenture, candidat sur le même marché. Résultat, la solution française sera définitivement écartée[5]... Quelques mois plus tard, c'est encore Accenture qui sera retenu pour la mise en place du passe sanitaire. En tout, l'américain touchera 4,5 millions d'euros.

La sidérante facture de McKinsey

C'est au cours du même hiver 2020 que McKinsey entre dans la danse. Le 8 décembre, le gouvernement lui passe un premier contrat. Pour quel motif ? On va découvrir qu'il n'est pas facile de le savoir. Ce premier marché sera suivi de cinq autres jusqu'à la date du 24 septembre 2021, les trois derniers ayant été partagés avec l'une des filiales de McKinsey, Orphoz, connue pour pratiquer des tarifs moins élevés. Mais le total de la commande atteint tout de même le montant vertigineux de 10,7 millions d'euros. Dix millions d'euros en moins de dix mois, la moitié de toutes les dépenses de conseil engagées par le ministère de la Santé sur la durée de la pandémie. Un million d'euros par mois, 50 000 euros par jour ouvré. Ce qui, en appliquant un tarif journalier moyen de 2 500 euros (les consultants de McKinsey sont les mieux payés sur le marché), représente la mobilisation de vingt salariés à temps plein, minimum !

Quels services a rendus McKinsey pour un tel prix ? Le cabinet n'a pas répondu à nos questions. Il n'est pas possible de savoir combien de ses salariés ont été détachés, ni sur quelles missions. Homayoun Hatami, son patron pour la France, a cependant lâché quelques mots de commentaire, dans un ouvrage professionnel paru en juin 2021, *Le Guide des cabinets de conseil en management*. À l'en croire, sa société serait « uniquement » intervenue en matière de politique vaccinale sur l'aspect « logistique, plus précisément sur les schémas et les process de distribution des doses vers les lieux de vaccination sur l'ensemble du territoire ». Dix millions d'euros pour avoir fait des schémas et conçu des *process*... Cela fait quand même cher payé.

Cette sidérante facture surprend la députée Louwagie, en même temps qu'elle révèle le niveau d'incompétence de l'État. La rapporteure de la commission des finances s'en inquiète devant ses collègues, le 10 février 2021 : « Je suis convaincue que la sollicitation de ces sociétés témoigne de la perte de savoir-faire du ministère de la Santé dans la gestion de la crise. Si ce ministère éprouve aujourd'hui le besoin d'être accompagné, c'est qu'il ne sait plus faire seul. Certaines prestations commandées posent question. Ainsi, le

23 décembre 2020, dans la commande n° 21 passée auprès de McKinsey, on dit que son cabinet mettra à disposition, je cite, "un agent de liaison positionné majoritairement auprès de Santé publique France et secondairement au ministère de la Santé en vue d'assurer la coordination opérationnelle sur le volet logistique, approvisionnement et distribution de vaccins". Faire appel à des cabinets de conseil pour mettre à disposition un agent de liaison, cela en dit long sur la perte d'expertise de notre administration de la santé. »

Ce même 10 février 2021, la députée de Savoie (Les Républicains) Émilie Bonnivard s'alarme et s'étonne tout autant que sa collègue normande : « J'ai du mal à comprendre pourquoi on fait appel à un cabinet extérieur [McKinsey] pour définir une stratégie de vaccination. Quand je lis [Emilie Bonnivard cite les justifications du ministère de la Santé] "Nécessaire accompagnement de l'équipe interne concernant la définition d'une stratégie cible", je m'interroge sur les compétences qui nous manquent afin de définir une stratégie vaccinale alors qu'il s'agit d'une compétence régalienne. »

Les députés de la commission des finances ne sont pas les seuls à se frotter les yeux devant les contrats obtenus par McKinsey pendant la crise sanitaire. Nous avons soumis ces documents à l'analyse d'un consultant français, expert de la commande publique, travaillant dans un grand cabinet concurrent. « Je trouve hallucinante, nous déclare-t-il abasourdi, la nature des prestations fournies par ce cabinet. D'ordinaire, les consultants en stratégie interviennent en début de mission, analysent la situation, proposent des scénarios. Ensuite, pour la phase opérationnelle, ils passent la main à des consultants en management qui sont des sortes d'intérimaires, certes de luxe, mais qui coûtent beaucoup moins cher que les gens de chez McKinsey. Quand j'entends qu'ils ont mis en place une "tour de contrôle stratégique" ou un "agent de liaison" chez Santé publique France, cela ne correspond pas du tout à leurs activités habituelles. Les gens de McKinsey détestent ce genre de mission. Ils sont recrutés parmi les meilleurs à la sortie de Polytechnique ou de Harvard, ce n'est pas pour aller faire du secrétariat au ministère. Il est aussi écrit qu'au bout de plusieurs mois, McKinsey a ventilé le marché avec sa filiale Orphoz, sans qu'on sache la répartition entre les deux. Orphoz est une petite société installée à Lyon, bien moins chère que McKinsey. Il faudrait pour le coup qu'elle ait déployé une armée pour justifier le montant de la facture à plusieurs millions d'euros. »

L'association de lutte contre la corruption Anticor a elle aussi voulu en savoir plus sur la nature précise des prestations fournies. Le 11 février 2021, la présidente de l'association, Élise Van Beneden, a écrit au ministère de la Santé pour obtenir le détail des bons de commande. Refus. L'association a alors saisi la CADA, la Commission d'accès aux documents administratifs, qui lui a donné raison en juin 2021 et a obligé le gouvernement à lui faire parvenir des informations qui avaient pourtant, en partie, déjà été données à la députée Louwagie.

Cette mauvaise volonté à communiquer des documents est en contradiction avec l'esprit de la loi. Le code des marchés impose en effet à l'État de rendre public ses commandes pour tout achat d'un montant supérieur à 40 000 euros[6]. Sauf que, durant la crise sanitaire, le gouvernement a utilisé tous les moyens à sa disposition pour se dispenser de cette obligation. Il a d'abord argué du caractère imprévu de l'épidémie pour éviter d'en passer par des appels d'offres. Puis à partir de novembre 2020, la situation d'urgence n'étant plus la même, il a préféré piocher dans un contrat déjà existant. Un méga marché de 100 millions d'euros signé deux ans plus tôt avec plusieurs grands cabinets : McKinsey, le Boston Consulting Group (BCG), Roland Berger, Capgemini... Le ministère de la Santé s'est enfin servi dans le catalogue de l'UGAP, l'Union des groupements d'achats publics, une sorte d'immense centrale d'achats à destination des administrations, qui lui évite également de lancer un appel d'offres.

Cette absence de transparence interdit d'avoir des réponses à certaines questions. Ainsi, alors qu'officiellement la date du premier contrat avec McKinsey remonte au 8 décembre 2020, on ne sait toujours pas précisément dans quel cadre ses consultants sont intervenus dès mars 2020, période à laquelle ils étaient censés épauler, on l'a vu, le général Jean-Claude Gallet. Même flou autour de la mission du 1er avril, lorsque McKinsey a mis sur pied une *task force* d'une trentaine de fonctionnaires destinée à identifier les capacités de dépistage.

Le cabinet américain a-t-il agi à cette époque *pro bono*, c'est-à-dire gratuitement ? Il n'aurait pas été le seul. Dans les premiers mois de la crise, l'américain Bain, troisième cabinet mondial, a aidé gracieusement le gouvernement à mettre en place les tests de dépistage du Covid. « Nos consultants ont animé des réunions hebdomadaires entre les laboratoires privés et des représentants du ministère de la Santé, nous a confirmé le patron de Bain en France, Olivier Marchal. Notre mission était de repérer les unités industrielles capables de produire le matériel et de suivre les commandes. »

Il y a cependant une différence notable entre Bain et McKinsey. Le premier n'a pas engrangé dans la foulée de ses prestations gratuites de contrats sonnants et trébuchants. À l'inverse, si McKinsey semble avoir donné ses premiers conseils sans être rémunéré, il a ensuite facturé ses interventions 10 millions d'euros. Cette somme a-t-elle couvert des services beaucoup plus larges que de simples conseils en logistique ? Le ministère de la Santé n'a pas souhaité répondre à nos questions. Ce mystère, pourtant, est tout sauf anodin.

Pendant la crise sanitaire, la justice s'est d'ailleurs saisie d'un cas dans lequel la gratuité du départ a tôt fait de devenir payante. Sont concernées Capgemini, Dassault, Orange, Lunabee. À partir d'avril 2020, ces quatre entreprises françaises ont mis à disposition du gouvernement 130 salariés pour créer l'application de traçage de malades, StopCovid – l'ancêtre de TousAnti Covid –, destinée à alerter chaque utilisateur ayant croisé une personne infectée. C'est *L'Obs* qui a révélé le pot aux roses : ces prestations offertes lors de la phase de démarrage sont devenues fort rémunératrices une fois l'application lancée, au mois de juin suivant. L'hébergement, la mise à jour, l'enrichissement : toute la maintenance de l'application a bel et bien été facturée et pour un montant plutôt salé : entre 200 000 et 300 000 euros par mois, somme très supérieure, selon les experts, au prix du marché[7]. En novembre 2020, un rapport parlementaire évaluait déjà le coût global de l'application à... 6,5 millions d'euros. Selon Anticor, rien ne justifiait d'accorder ce marché en direct, sans publicité ni appel d'offres. À la suite d'une plainte de l'association déposée pour « favoritisme » en avril 2021, le Parquet national financier a ouvert une enquête préliminaire.

Devant la commission des finances, le 10 février 2021, Véronique Louwagie a remis en mémoire des parlementaires le virus H1N1 qui avait sévi dix ans plus tôt. Certes, cette grippe fut sans commune mesure avec la vague meurtrière, et durable, du Covid. Mais la France avait réussi à s'équiper en masques et vaccins (trop, avaient dit par la suite les détracteurs de la ministre de la Santé Roselyne Bachelot, la plupart ayant depuis révisé ou nuancé leur jugement), sans faire appel à aucun cabinet de conseil. « Pour le Covid, nous détaille la députée Louwagie, 7 cabinets ont été sollicités

47 fois, pour un montant de 24,6 millions d'euros.» Une goutte d'eau comparée aux milliards déboursés par les pouvoirs publics face à la nouvelle pandémie mondiale ? On peut voir les choses autrement, notamment en mettant en parallèle les sommes versées aux consultants avec une autre dépense. Celle engagée dans la recherche fondamentale pour trouver un vaccin contre le Covid. Selon un «audit flash» publié par la Cour des comptes, entre le 1er janvier 2020 et le 1er mars 2021, la France y a consacré seulement une vingtaine de millions d'euros. Moins que pour ses achats de conseil, donc.

Que s'est-il passé pour qu'un pays qui, une décennie plus tôt, se tenait prêt à affronter une pandémie, avec suffisamment de masques et de vaccins, se retrouve, comme sidéré, incapable d'anticiper, de prendre une décision, de mettre en place un système informatique ou d'évaluer ses stocks ? Son État jadis si puissant, «providence» pour ses admirateurs, «obèse» pour ces contempteurs – mais dont la plupart des Français apprécient la protection au point qu'ils y consacrent une part de leurs revenus sans équivalent dans le reste du monde –, s'est précipité pour réclamer, face à une menace sanitaire, l'aide de consultants extérieurs. Et si demain, lors d'une autre crise, aucun de ces cabinets, pour la plupart américains, ne trouvait judicieux ou suffisamment rémunérateur de répondre à ces appels à l'aide ? La France pourrait-elle assurer seule sa logistique ?

Le Covid a agi comme un miroir grossissant sur l'affaiblissement des services publics concomitant de l'envolée du consulting, l'un accélérant l'autre et vice versa. Rares pourtant sont les hauts fonctionnaires qui ont voulu s'emparer du sujet. Parmi ceux qui ont senti le danger : l'énarque Claude Revel, sans doute parce qu'elle a été déléguée interministérielle à l'intelligence économique de 2013 à 2015. Dans deux livres parus voilà quelques années[8], elle explique déjà comment les élites françaises, par résignation, frilosité, ou pour se préserver un avenir dans le privé, ont accepté d'appliquer des pratiques de gestion à l'américaine, faites d'évaluations permanentes et guidées uniquement par des impératifs budgétaires.

Aujourd'hui, elle nous dit : « La crise sanitaire a démontré au grand jour les carences de notre État. Moi-même j'ai découvert que le rôle des consultants dépassait tout ce que j'avais pu imaginer. On leur a laissé la main sur un sujet aussi stratégique que la vaccination de la population française ! » L'énarque s'en indigne mais pour elle ce n'est que la chronique d'une catastrophe annoncée. « Les fonctionnaires, décrypte-t-elle, ont depuis longtemps perdu confiance en eux, en leurs compétences. Ils se sentent obligés d'ouvrir cinquante parapluies, de commander 50 000 rapports pour se protéger en cas d'erreur. Le processus de décision est complètement grippé. Quand j'entends un ministre dire que c'est difficile de décider avec un risque pénal au-dessus de la tête, je suis choquée. Ils ont été choisis normalement pour leur capacité de décision. Que devraient dire les petits entrepreneurs ?» Pusillanimité du pouvoir, cynisme aussi de la part de ceux qui ouvrent la porte aux cabinets de consultants en espérant un jour y émarger eux-mêmes, et au final, la «privatisation rampante de notre service public», dit encore Claude Revel. «Or, souligne-t-elle, on continue à payer la formation de dizaines et de dizaines de hauts fonctionnaires. Ne faudrait-il pas arrêter les frais si l'on pense qu'ils ne sont pas au niveau ? Le pire étant que ce recours massif aux consultants se déroule dans la plus totale opacité, sans aucun chiffre officiel, sans le moindre débat démocratique.»

Chapitre 2

L'irrésistible ascension des consultants

« Nous allons projeter des formes sur l'écran. Dites-nous ce qu'elles vous inspirent. » Ce 22 juin 2006, au siège de l'UMP rue La Boétie, François Fillon, Brice Hortefeux, Roselyne Bachelot, Nadine Morano, Luc Chatel et une douzaine de cadres du parti se grattent la tête, se prennent le menton dans la paume, fixent le plafond. Que faut-il voir dans ce losange ou dans ce carré ? « Regardez bien, il y a une forme masquée à l'intérieur de chaque figure », insistent les trois consultants du Boston Consulting Group (BCG), qui jubilent. L'exercice avait pour but de démontrer que la réalité se cache parfois derrière l'évidence... Trop fort le BCG !

Si l'on veut dater l'an I de l'offensive des consultants au cœur de l'État, il faut choisir cette journée où les cadres de l'UMP chargés d'écrire le programme de leur parti pour 2007 ont accepté de participer à des ateliers de travail avec les experts du deuxième plus gros cabinet américain derrière McKinsey. C'est Gérard Longuet qui a suggéré à Nicolas Sarkozy ce brainstorming. Et pour cause, le sénateur de la Meuse exerce aussi en tant que consultant pour des entreprises privées. Selon lui, il est temps de dépoussiérer les habituels catalogues de mesures rédigés par les « crânes d'œufs » (l'expression est de Longuet) de la haute fonction publique.

Pour les cinq séances de travail qui s'étalent sur un mois, à raison d'une par semaine, le trio dépêché par le BCG a préparé une série de questions : À quoi ressemblera la France en 2012 ? L'Europe aura-t-elle imposé la fin des grandes écoles ? Les consultations de chirurgie esthétique seront-elles remboursées par la Sécurité sociale ? Un parti islamiste pourra-t-il obtenir 20 % des voix en Nord–Pas-de-Calais ? Les députés ont aussi droit à des extraits d'entretiens avec des électeurs indécis, avant d'être invités à jouer les rédacteurs en chef d'un jour, chargés d'éditorialiser sur une réforme qui leur tient à cœur. Coût de l'opération pour l'UMP : « plusieurs dizaines de milliers d'euros », dira François Fillon[9]. Et à la clé, l'accouchement d'un programme « disruptif » avant même que le mot devienne à la mode.

Qu'on en juge : l'une des premières décisions de Nicolas Sarkozy, élu à la présidence de la République quelques mois plus tard, consiste à noter ses ministres. On a peut-être oublié cet épisode, mais il suffit de feuilleter la presse de l'époque pour se remémorer l'enthousiasme que soulève alors l'innovation sarkozienne. Au moins chez les commentateurs. Voilà « une manière moderne de faire de la politique » et même de « la réhabiliter, en la tournant vers la performance ». « Enfin l'État va être géré comme une entreprise privée ! », se réjouissent les éditorialistes tandis qu'une radio annonce avec allégresse : « Les membres du gouvernement vont rendre des comptes, comme n'importe quel manager. » Le Premier ministre de ce gouvernement-entreprise, François Fillon, a chargé Mars & Co, un cabinet de conseil français, d'établir les critères d'évaluation de ses ministres (coût de la mission : 135 000 euros).

Brice Hortefeux, en poste à l'Intérieur, sera jugé sur le nombre de sans-papiers reconduits à la frontière. Xavier Darcos, son collègue de l'Éducation nationale, sur les années d'ancienneté des enseignants en Zone d'éducation prioritaire. Christine Lagarde, à la tête de Bercy, sur les heures supplémentaires. Christine Albanel, sa consœur de la Culture, sur les entrées aux musées. Et cetera, et cetera. Une fois par trimestre, chaque ministre sera reçu à Matignon pour la remise de son bulletin de notes. « On n'est pas à l'école, promet toutefois François Fillon, on ne note pas les ministres mais leur politique pour, le cas échéant, redresser une situation quand un engagement n'est pas tenu. »

Malgré ces souriantes perspectives, l'expérimentation pédagogique tourne court. Les critères introduits par le cabinet Mars & Co s'avèrent inopérants pour rendre compte de l'action véritable et du poids politique de chaque ministre. Exit les bons et les mauvais points distribués aux membres du gouvernement. À croire que cet éphémère gadget n'était destiné qu'à détourner l'attention de la politique du chiffre et des indicateurs de performance officiellement lancée dès l'été 2007 sous le nom de RGPP, la révision générale des politiques publiques. Une «révision» qui a en réalité pour principal objectif de rogner sur les dépenses. Le principe du non-remplacement d'un fonctionnaire sur deux partant à la retraite est acté. Ceux qui sont au pouvoir n'ont déjà à la bouche que la réforme de l'État. Ils parlent de coupes budgétaires, de productivité et même de dégraissage. Mais aucun ne prévient que cette gestion des services publics avec les outils et les objectifs de rentabilité des entreprises privées va faire la fortune des consultants. Ils le savent pourtant, ou devraient le savoir. Ils n'ont qu'à traverser l'Atlantique ou même seulement la Manche. Cela fait vingt ans que certains de leurs homologues anglo-saxons ne jurent que par le «*New Public Management*».

L'héritage de Margaret Thatcher

Cette vision d'un État «amaigri» – plus «agile et performant», euphémisent ses théoriciens –, naît dans le Royaume-Uni thatchérien de la fin des années 1970, lorsque, sous l'effet du second choc pétrolier, la Dame de Fer confie à un ancien dirigeant de Marks & Spencer (Sir Derek Raynes) la mission de réformer l'Administration britannique[10]. Puis les États-Unis embraient : une nouvelle génération de politiques y détricote ce qu'il reste du New Deal et de l'État-providence qu'il avait engendré. Comme le dit le président Ronald Reagan lors de son investiture, le 20 janvier 1981, «le gouvernement n'est pas la solution à notre problème. Le gouvernement est le problème». Une fois posé ce théorème, sa résolution n'a pas tardé. Pour l'Administration américaine, la solution au supposé problème s'est vite appelée McKinsey, BCG et Bain, les «MBB» ou «Big Three», comme on appelle le trio gagnant dans ce milieu.

La première de ces sociétés est la plus ancienne, fondée en 1926 par un professeur de comptabilité de l'université de Chicago, James McKinsey. Ce pionnier a inventé un métier (la vente de conseil aux grands patrons) et une méthode (l'orientation de la stratégie des entreprises en fonction de leurs résultats financiers). Les consultants américains sont les héritiers du taylorisme. Dans les années 1980, ils vont appliquer la même «organisation scientifique du travail» à la fonction publique. Ils entreprennent de la démanteler à coups de privatisations, et transforment les fonctionnaires, du moins ceux qui ont échappé à la purge, en ouvriers de bout de chaîne, privés d'autonomie et soumis à des *reportings* permanents.

Au même moment, l'ouverture des immenses marchés publics excitent aussi les appétits des rois de l'audit comptable. Deloitte, Ernst & Young (EY), Pricewaterhouse Coopers (PwC), KPMG, surnommés eux les «Big Four», prennent place à la table du festin. S'y invitent aussi d'autres cabinets qui, profitant de l'aubaine, se spécialisent en management et forment les cadres de la fonction publique rescapés à la «conduite du changement» et à «l'accélération de la transformation». Plus tard, les sociétés de services informatiques récupéreront aussi une grosse tranche du gâteau grâce à la digitalisation de pans entiers de l'économie.

Pendant près de trois décennies, la France a résisté. Imperméable aux «infiltrations». De petites sociétés de conseil ont bien éclos, mais l'État les tient en lisière. Il n'a recours à leurs services que lorsqu'une compétence technique lui manque. Les méthodes de management à l'américaine sont alors considérées comme contraires à l'éthique et à l'esprit de service public[11]. Personne ne peut imaginer que des domaines régaliens, tels que la santé, l'éducation, la recherche, la culture ou l'action sociale, n'en soient pas préservés. «Quand survenait un problème, l'État français faisait appel à ses grands corps, ceux des ingénieurs des Mines ou des inspecteurs généraux des finances, la fine fleur de la France, sélectionnée dès le plus jeune âge par le système scolaire», explique le sociologue Michel Villette, qui a lui-même exercé dans un cabinet de conseil. Dans cette profession, il est l'un des rares à avoir réfléchi sur son ancien métier. «Les consultants, précise-t-il, ont longtemps été considérés comme des seconds couteaux, qui avaient échoué à intégrer ces grands corps.[12]»

Selon lui, le tournant s'est produit dans les années 1990 lorsque l'élite administrative a essuyé plusieurs revers majeurs, notamment sur la réforme de l'hôpital ou avec la première version (ratée) de la carte Vitale. Incapables d'endiguer les dépenses publiques, accusés de défendre un statu quo protégeant leurs intérêts et délétère pour l'économie, les grands corps ont perdu leur prestige. « En même temps, poursuit le sociologue, les grands cabinets sont devenus très puissants et très riches. Déjà fortement implantés aux États-Unis et au Royaume-Uni, mais aussi dans les pays scandinaves et en Allemagne, ils ont proposé à la France d'appliquer les recettes qui marchaient ailleurs. Ils avaient, en outre, les moyens d'embaucher l'élite française à la sortie des grandes écoles de commerce et de l'ENA. Et pouvaient les envoyer se perfectionner dans les MBA des plus prestigieuses universités américaines, Harvard, Stanford, le MIT, avec lesquelles ils avaient noué des liens. » L'État ne s'est pas donné les moyens de retenir les meilleurs élèves de l'ENA ou de Polytechnique, dont il avait pourtant payé la formation. Dans un monde politique qui préférait désormais le précaire au pérenne, mieux valait acheter la matière grise aux cabinets, plutôt qu'embaucher un fonctionnaire.

Le déferlement des consultants

Le point de bascule se situe au moment de l'élection de Nicolas Sarkozy en 2007. Le terrain avait été préparé quelques années auparavant par le vote de la loi organique relative aux lois de finances, la LOLF, issue d'un consensus historique entre la gauche et la droite. Cette loi d'orthodoxie financière subordonne, à partir de 2001, la dépense publique à une hypothétique (et jusqu'ici introuvable) maîtrise de la dette. Chaque ministère se voit fixer un plafond d'emplois. Toute dépense supplémentaire doit être assortie d'un plan d'économies. C'est ainsi que les *cost killers* ont débarqué dans la fonction publique. Les portes leur ont finalement été grandes ouvertes par la RGPP, la révision générale des politiques publiques, à partir de 2007.

Le but de cette RGPP consiste à gérer l'État comme une holding pilotant des filiales. Ce que résume très bien, dès 2008, un consultant du cabinet allemand Roland Berger : « Le gouvernement est comme une entreprise, avec un directeur général (le Premier ministre) et des patrons de *business units* (les ministres), qui utilisent nos méthodes éprouvées dans les grandes firmes pour faire mieux et moins cher[13]. » Le propos a le mérite de la clarté face aux circonvolutions de la plupart des politiques qui se sont succédé au pouvoir depuis quinze ans. Tous s'ingénient à minimiser l'influence des grands cabinets. L'objectif n'a pourtant guère changé depuis. La « réforme de l'État » (version Sarkozy), sa « modernisation » (version Hollande) ou la « transformation publique » (version Macron) ont toutes été orchestrées en étroite collaboration avec les consultants.

En 2007, le maître d'œuvre de la RGPP s'appelle Éric Woerth. Personne ou presque ne le note à l'époque, mais avant d'exercer en politique, il a travaillé pendant vingt ans dans le conseil : chez Bossard Consultants, précurseur français de la diffusion du *New Public*

Management, puis chez le géant de l'audit Arthur Andersen. Aujourd'hui, peut-être, alors que le grand public connaît un peu mieux la philosophie du consulting, un tel parcours ferait passer les clignotants au rouge. Mais au début des années 2000, ça n'interpelle personne. Déjà en 2004, sous le gouvernement Raffarin, Éric Woerth, bien que n'ayant jamais servi dans la fonction publique, avait été nommé au secrétariat à la Réforme de l'État. Trois ans plus tard, sous Fillon et à l'heure de la RGPP, il récupère le même portefeuille, en même temps que le maroquin du Budget.

Aussitôt, il place à la tête de la Direction générale de la modernisation de l'État (DGME), créée en 2005, François-Daniel Migeon, un polytechnicien issu du corps des Mines, qui arrive tout droit... du cabinet McKinsey, où il a atteint le grade (le plus élevé) d'*associate partner*. Sous sa houlette, la moitié de l'effectif de la DGME (150 personnes) est remplacé par des consultants issus des grands cabinets : Accenture, BCG, McKinsey, Roland Berger, Capgemini... Ces contractuels, engagés pour des CDD de trois ans, prennent les manettes de cette direction stratégique puisque la modernisation, voulue par la RGPP, est au premier rang de leurs préoccupations. Mieux encore, dans un mélange des genres qui ne semble alors gêner personne, ces ex-consultants achètent à leurs anciens employeurs pour près de 100 millions d'euros de contrats entre 2007 et 2011 ! C'est McKinsey, associé à Accenture, qui se taille la plus grosse part du gâteau, suivi de

Capgemini associé au BCG, puis de Ernst & Young, de Roland Berger et de Bain. À l'exception du Français Capgemini (la seule entreprise de conseil tricolore de taille mondiale, spécialisée en informatique) et de l'Allemand Roland Berger, ce sont tous des cabinets américains, qui, avec l'avènement du *New Public Management* et de sa vision purement comptable, vont sonner le glas des traditionnels « ingénieurs-conseils » à la française, experts dans leurs domaines de compétence.

Sous le gouvernement Fillon, des centaines de consultants déferlent dans les ministères : Justice, Intérieur, Ville, Économie, Immigration... On en compte quatre, en moyenne, et à temps plein, dans chaque ministère pendant toute la durée du quinquennat Sarkozy. Ils réalisent des audits, fusionnent, restructurent et tentent de convertir les administrations au « *Lean Management* ». *Lean* ? « Maigre » en anglais. Cette organisation du travail, inventée sur les chaînes de production du fabricant japonais d'automobiles Toyota, se caractérise par la chasse au gaspillage et à la perte de temps. « Maigre » est le nouveau mot d'ordre. Un projet « Lean préfectures » voit le jour, visant à rationaliser le traitement des dossiers de naturalisation. « Maigre » aussi, au ministère de la Justice qui, poussé par la DGME, demande à Capgemini de déployer un « Lean services judiciaires » dans une trentaine de cours d'appel et de tribunaux d'instance. Objectif : faire gagner entre quinze et quatre-vingts minutes par magistrat et par procédure, en réduisant « les perturbations et les gaspillages ».

Pour ce faire, Capgemini utilise une série d'outils aux noms exotiques. Le « diagramme Ishikawa », en forme d'arête de poisson, est censé représenter la hiérarchie des dysfonctionnements. La « percée Kaizen » est supposée privilégier les améliorations rapides. La « Value Stream Map » promet d'éradiquer les actions sans valeur ajoutée. Plus classique, le « management visuel » montre l'évolution de la performance de chacun. Ce tourbillon de concepts, même néo-japonisants, n'est que du vent pour l'Union syndicale des magistrats (USM) qui, en juin 2012, réclame l'arrêt immédiat de l'expérimentation. Le syndicat, qui a mené une étude approfondie sur le « Lean judiciaire », ne constate aucune réduction des stocks de procédures en souffrance.

En revanche, tous ceux qui sont soumis à ces ébouriffantes méthodes se plaignent des heures passées en réunions et des nombreux contresens dans l'interprétation de leur travail. Par exemple, sont identifiées comme des « perturbations à éliminer » les discussions informelles entre avocats, magistrats et greffiers, pourtant indispensables pour mettre de l'huile dans les rouages. Pour y voir des « actions sans valeur ajoutée », il faut ne rien connaître au fonctionnement de la machine judiciaire. « En réalité, conclut l'étude de l'USM, les expériences Lean ne sont qu'un habillage d'un nouveau management par objectif, préoccupé de flux et de gestion de stock. Cette préoccupation, bien que légitime et partie prenante d'une bonne administration de la Justice, en devient le seul credo univoque. Rien n'est pensé sur la qualité de la Justice ou sur les souhaits du justiciable, qui sont absents des modèles et des PowerPoint des cabinets d'audit.»[14] Cette dernière remarque vaut d'ailleurs pour toutes les interventions des consultants dans l'Administration : ils ne prennent jamais l'avis des citoyens qui sont pourtant à la fois les payeurs et les usagers du service public.

Entre 2007 et 2012, les comités de pilotage de la RGPP vont valider 503 mesures. Dont les effets sont déjà plus que contestés. À l'époque, le gouvernement se vante d'avoir, grâce aux 150 000 fonctionnaires non remplacés, fait 15 milliards d'économies et même «200 milliards pour les générations futures», dixit Valérie Pécresse, alors ministre du Budget et porte-parole du gouvernement. Des chiffres impossibles à vérifier selon les députés Christian Eckert (PS) et François Cornut-Gentille (UMP). Dans un rapport d'information publié en décembre 2011, les deux parlementaires font remarquer que «le bilan [de la RGPP] demeure dans l'ensemble une énigme, tant les informations, difficiles à obtenir sur le sujet, semblent discutables et parcellaires». Un autre rapport, en date de septembre 2012, est encore moins amène, rédigé celui-là conjointement par l'Inspection générale des finances, l'Inspection générale des affaires sociales et l'Inspection générale de l'administration. Les auteurs, issus des trois corps, reprochent à la RGPP de s'être «focalisée sur la recherche d'économies rapides» sans concertation avec les usagers ni avec les administrations, «insuffisamment associées à l'élaboration des mesures». Ces «restructurations, écrivent-ils encore, ont non seulement été mal vécues par de nombreux agents de l'État», mais elles ont entraîné une «aggravation des désajustements entre missions et effectifs».

Durant cette période, ce sont la Défense, l'Intérieur, l'Écologie et le Budget qui sont les plus dégraissés. Non sans protestation. Comme les syndicats de magistrats qui s'élèvent contre le *Lean Management* et commencent à s'inquiéter de l'arrivée du consulting dans la Justice, à Bercy, la CGT du Trésor dénonce des cabinets de conseil qui viennent «casser le service public à la française et lui substituer un modèle anglo-saxon où les valeurs de solidarité sont remplacées par l'obsession de la rentabilité». Qu'importe les avertissements. Ceux qui les lancent endossent le plus souvent le mauvais rôle. Ils sont taxés de corporatisme, traités de fonctionnaires obtus et archaïques. Leurs hiérarchies trouvent toujours une bonne raison d'en appeler aux cabinets de conseil : besoin d'un regard neuf, de bousculer les habitudes, de secouer les baronnies. Cette ingérence suscite incompréhension, frustration et colère chez un nombre grandissant de fonctionnaires. Mais leurs détracteurs ont aussi beau jeu de souligner les inerties – réelles – des «mammouths» de la fonction publique. Dès lors, un mouvement est enclenché qui ne s'arrêtera plus.

« Les audits [lancés dans le cadre de la] RGPP, dit le chercheur Fabien Gélédan, ont offert une première porte d'entrée aux consultants qui ont ainsi accédé au cœur des ministères et des opérateurs[15]. » Et ce n'est pas un hasard si le quinquennat Sarkozy accouche d'une affaire (parmi tant d'autres) révélée par *Le Canard enchaîné*[16] et illustrant à merveille cette consanguinité : Luc Chatel, en quittant le gouvernement, s'est lui-même reconverti en consultant. Or, non seulement il avait commandé, quand il était ministre de l'Éducation nationale, de multiples études au BCG (le cabinet qui a coaché l'UMP pour la rédaction de son programme présidentiel), mais quand il a fondé sa petite entreprise, il a reçu 235 000 euros d'honoraires, principalement en provenance du même BCG. Retour d'ascenseur ? « J'ai appartenu à un gouvernement qui a fait travailler le BCG comme il a fait travailler McKinsey. Tous les gouvernements travaillent avec des cabinets en stratégie, qui sont deux ou trois de haut niveau dans le monde », se défend l'ex-ministre quand il est mis en cause. Il n'a pas tout à fait tort.

Quelle que soit la couleur politique…

Après la victoire de François Hollande en 2012, le pouvoir socialiste met certes fin au non-remplacement d'un fonctionnaire sur deux. Mais la DGME, rebaptisée Secrétariat général pour la modernisation de l'action publique (SGMAP), reste composée pour moitié de consultants en CDD, qui plus est « mal pilotés, se souvient un conseiller ministériel du gouvernement Ayrault, avec beaucoup d'argent pour réaliser des études qui servent surtout à faire moderne ». Le gouvernement ne parle plus de moderniser « l'État » mais « l'action publique ». Nuance ! Mais il continue de signer des contrats : Kea & Partners, Bain, McKinsey, Roland Berger, Deloitte, KPMG, Ernst & Young... « Depuis la RGPP, le recours à des cabinets est devenu un réflexe, nous explique le sociologue et chercheur du CNRS, Frédéric Pierru. Comme si on ne savait plus comment gérer sans eux[17] ».

Cette sorte de « mise sous perfusion idéologique » a fait tomber les résistances. Les cadres des ministères, moins nombreux, pressés en permanence par des urgences politiques changeant au rythme des gros titres des chaînes d'info, harassés par le *reporting*, qui s'ajoute à l'empilement des normes et des règlements, ne vont plus cesser de solliciter des prestataires extérieurs. Cette alliance avec les consultants, qui sont en réalité des rivaux, ressemble à une relation d'amour-haine. « C'est le moyen qu'ont trouvé certains hauts fonctionnaires pour se relégitimer, honteux de se sentir moins modernes que leurs camarades des grandes écoles partis dans le privé et qui gagnent beaucoup plus qu'eux », analyse Sébastien Soriano, lui-même brillant polytechnicien, ex-directeur de cabinet de Fleur Pellerin au ministère des PME et du numérique sous François Hollande. Pour Sébastien Soriano, si cette pensée néolibérale a permis une certaine maîtrise de la dépense publique, « elle a aussi affaibli l'Administration et le service public de façon profonde[18] ».

Michel Sapin, ex-ministre de l'Économie de François Hollande, déplore, lui aussi, ce mariage de la carpe et du lapin, entre la fonction publique et le consulting. « À force, nous dit-il, de chercher des compétences à l'extérieur, dans des conditions dispendieuses, l'État va finir par perdre le contrôle. » L'Administration française n'a pourtant pas à rougir, selon lui : « Jugée de très bon niveau à l'étranger, elle est tout à fait capable de mener de gros chantiers y compris dans l'informatique quand elle s'en donne les moyens. » Il en veut pour preuve la réussite du prélèvement à la source, à mettre au crédit de l'administration de Bercy. Peut-être... mais les socialistes se sont montrés à peine moins gourmands en conseil que les sarkozystes. Au point que l'État en est devenu le troisième consommateur en France derrière le secteur bancaire et l'industrie.

Durant le quinquennat Hollande, les cabinets n'ont, en effet, pas eu à se plaindre. Un jour, c'est McKinsey qui est appelé par le ministère du Redressement productif pour établir ses 34 projets d'avenir. Un autre, c'est Capgemini qui est sollicité par plusieurs ministères pour définir leur feuille de route de transformation numérique à présenter au chef du gouvernement, Jean-Marc Ayrault, en particulier dans deux domaines sensibles, l'éducation et la sécurité. Capgemini, dont le PDG, Paul Hermelin, énarque passé dans le privé et ami personnel de François Hollande, poussera son numéro 2, Nicolas Dufourcq, à devenir le patron de la fraîchement créée Banque publique d'investissement.

Combien le gouvernement a-t-il acheté de prestations de conseil sous Hollande ? On connaît à peu près les dépenses du SGMAP. Mais quid des autres ministères ? Et des opérateurs de l'État ? Silence radio. En novembre 2014, la Cour des comptes le déplore dans un rapport, tout en alertant sur un risque de perte de compétences en interne. Quatre ans plus tard, surtout, son président, Didier Migaud, prend lui-même la plume et elle est plus que cinglante : « Les productions des consultants, écrit-il, ne donnent que rarement des résultats à la hauteur des prestations attendues. Des analyses effectuées par les chambres régionales des comptes, il ressort que nombre de rapports de mission utilisent essentiellement des données internes, se contentent de copier des informations connues ou reprennent des notes ou des conclusions existantes[19]. » Le plagiat est un reproche récurrent fait aux cabinets de conseil, qui eux-mêmes en plaisantent. L'une des blagues favorites dans le milieu ? « Le propre du consultant est de prendre la montre du client pour lui donner l'heure. »

Ce ne sera pas la dernière fois que la Cour des comptes tirera la sonnette d'alarme. Mais ses mises en garde ne seront pas écoutées. Ni par François Hollande, qui quitte le pouvoir en 2017, sans avoir réduit l'influence des Capgemini, Roland Berger et consorts.

Ni par Emmanuel Macron, qui lui succède. Bien au contraire, avec ce nouveau président, les professionnels du conseil vont franchir un pas de plus en direction des premiers cercles du pouvoir.

Chapitre 3

Un consultant à l'Élysée

« Emmanuel Macron ? C'est l'idole des consultants ! Tout simplement parce qu'il est comme eux. » Alain Minc nous livre ce diagnostic en octobre 2021, lorsque nous l'interrogeons sur le rapport singulier du chef de l'État avec les « infiltrés ». Paroles de connaisseur ? L'essayiste libéral, qui murmure depuis cinquante ans à l'oreille des politiques et des grands patrons, a presque vu grandir « Emmanuel ». Il l'a repéré tout jeune à la sortie de l'ENA, puis l'a coopté à la banque Rothschild. Il a été aux premières loges pour observer le mimétisme entre Macron et ceux qui évoluent dans le petit monde du consulting. « Au ministère de l'Économie, se souvient-il, il les fait déjà rêver. Il s'habille comme eux, il pense comme eux, il connaît leurs codes, les fondements de leurs métiers… »

Emmanuel Macron, super consultant ? Sa pensée politique, disent ceux qui ont essayé – souvent en vain – de la définir, est avant tout une méthode de gouvernance, un pragmatisme, un *process*, un « en même temps » qui s'embarrasse peu d'idéologies ou plus exactement prétend en faire fi. Le candidat d'En Marche « emprunte la terminologie des missions de conseil », notait dès 2017 l'essayiste Jean-Laurent Cassely (co-auteur de *La France sous nos yeux* avec Jérôme Fourquet de l'IFOP) : « audit » ou « plan de transformation » sont au cœur de sa « démarche électorale ». Devenu président, Emmanuel Macron parachève cette posture, comme s'il en devenait l'une des formes les plus abouties. Il s'y est rodé depuis un moment. Dès son entrée au gouvernement, sous François Hollande, il s'est appuyé sur les grands cabinets de conseil.

Ce 9 novembre 2015, le jeune et fringant ministre de l'Économie s'avance, immense sourire aux lèvres et micro à la main, devant un parterre d'une centaine de jeunes *startupers* et de hauts fonctionnaires pour leur présenter une future loi, sa loi, qu'il a poétiquement baptisée NOÉ (Nouvelles Opportunités Économiques). Un acronyme en forme de message subliminal pour l'arche macronienne sur laquelle tous seront bientôt invités à monter ? Dans le dossier de presse qui accompagne ce show aux allures de conférence Ted, on peut lire un proverbe chinois : « Quand souffle le vent du changement, certains construisent des murs, d'autres érigent des moulins. »

En cet automne 2015, devant un auditoire conquis, le ministre martèle son message : « Il faut basculer dans la transformation digitale, dématérialiser les procédures, parier sur l'intelligence artificielle, faciliter les financements, attirer les jeunes talents. » Puis il montre une série d'indices dont un, totalement inédit, qui permet de mesurer « l'intensité Web » (messagerie électronique, site, Intranet, recours au marketing en ligne...) de n'importe quelle entreprise. À l'entendre, une « forte intensité Web » assurerait un taux de croissance exceptionnel de 7 % par an. Voilà un argument de poids pour promouvoir son projet de loi.

Mais où le ministre a-t-il été chercher son miraculeux indice ? Pas dans les calculateurs de Bercy. L'indice, *L'Obs* l'avait dévoilé à l'époque, sort tout droit de chez McKinsey. Là est la magie des cabinets de consultants. Alors que leur gagne-pain consiste à accompagner la transformation, ce sont aussi eux qui conçoivent les statistiques ministérielles prouvant la nécessité de la dite transformation. L'instrument permettant d'évaluer l'intensité Web n'est d'ailleurs qu'un épiphénomène. McKinsey a eu un rôle majeur dans l'inspiration même de la loi NOÉ. L'un de ses dirigeants, Éric Labaye[20], a activement participé au comité de pilotage chargé d'élaborer le texte législatif. Il faut dire qu'il connaît le sujet. Un an auparavant, en septembre 2014, Labaye a mis à contribution quatre de ses consultants juniors, en leur déléguant la rédaction d'un dossier de 130 pages intitulé « Accélérer la mutation numérique des entreprises : un gisement de croissance et de compétitivité pour la France ». Cette note ultra détaillée comporte de nombreuses recommandations, dont une proposition choc, l'« allègement important de la pression fiscale pour libérer la capacité à innover sur le front numérique », qu'Emmanuel Macron défendra publiquement le 23 juin 2016, lors d'un colloque organisé à Paris par... McKinsey. Le monde est petit.

Plein de chausses-trappes aussi. Car NOÉ ne verra pas le jour. Non à cause de l'intervention des consultants, mais parce que le Premier ministre Manuel Valls interdit à Emmanuel Macron de présenter la loi au Parlement. Les deux hommes lorgnent déjà sur la présidentielle, les premiers sondages montrent qu'ils séduisent le même électorat, et le chef du gouvernement refuse que son ministre de l'Économie lui vole la vedette. Prenant prétexte d'un calendrier parlementaire trop chargé, il l'oblige à détricoter son texte.

Emmanuel Macron ne digèrera jamais l'affront. Au printemps 2016, il fonde son parti, En Marche. À la fin de l'été, il rend son tablier à François Hollande. À l'automne, il part à la conquête de l'Élysée, entouré d'une brochette de consultants appartenant aux cabinets les plus prestigieux, de McKinsey au Boston Consulting Group.

Aux sources de la campagne présidentielle

Les MacronLeaks, les e-mails internes d'En Marche qui fuiteront deux jours avant le premier tour de la présidentielle de 2017, attestent de la présence d'une quinzaine de *juniors* ou de *senior advisors* dans l'entourage du candidat. Tous ont refusé de s'exprimer publiquement sur leur engagement[21], et En Marche affirmera par la suite que «leur participation a été purement bénévole». De fait, il n'en existe aucune trace dans les comptes de campagne d'Emmanuel Macron. L'inverse eut été surprenant. Ces consultants facturant habituellement leur journée de travail à 2000 euros pour les plus jeunes et jusqu'à 7000 euros pour les plus capés, s'il avait fallu les rémunérer, l'addition aurait été faramineuse. Par contrecoup, on peut ainsi mesurer la valeur de leur participation gracieuse. Et l'attraction qu'exerce sur eux Emmanuel Macron avant même d'accéder à l'Élysée. Longue est la liste de ces compagnons de route dans son équipe de campagne.

Ceux de chez McKinsey sont les plus nombreux, avec au premier rang une connaissance de longue date du candidat Macron : Karim Tadjeddine. Avant d'être débauché par le cabinet américain, ce crack de l'analyse financière, diplômé de Polytechnique et de l'École des ponts et chaussées, a œuvré quatre années à Bercy. Il rencontre Emmanuel Macron en 2007. Tous deux participent alors à la commission Attali 1 mise en place par le président Sarkozy pour «libérer la croissance française», puis se retrouvent en 2010 pour la commission Attali 2. C'est en 2016 que Karim Tadjeddine prend la direction du pôle Service public chez McKinsey (le service chargé de négocier les marchés avec l'Administration). À la même époque, il livre dans un ouvrage collectif, *L'État en mode start-up*[22], sa vision de la transformation publique, laquelle nécessite à ces yeux une préparation millimétrée et un engagement total, mais dépend encore plus de la survenue de circonstances particulières : « L'arrivée au pouvoir d'un nouveau chef d'État en temps de crise représente le *kairos* [le point de basculement] par excellence. » Nous sommes alors un an avant la victoire de l'homme providentiel que l'auteur appelle de ses vœux et qui, bien que toujours en poste au ministère de l'Économie, n'hésite pas à préfacer l'ouvrage. Il faut dire que la rédaction de *L'État en mode start-up* est dirigée par un professeur à Sciences Po Paris, Yann Algan, mais aussi par celui qui est alors directeur de cabinet adjoint d'Emmanuel Macron à Bercy : Thomas Cazenave. Après la victoire de 2017, cet inspecteur des finances se verra propulsé à la tête de la Direction interministérielle de la transformation publique, la DITP, qui a succédé au Secrétariat général pour la modernisation de l'action publique de François Hollande. Thomas Cazenave sera donc le haut fonctionnaire qui négociera les plus gros contrats avec les cabinets de consultants, et Karim Tadjeddine deviendra son principal interlocuteur chez McKinsey.

Rien ne se perd tout se transforme... Durant la campagne, Karim Tadjeddine n'a pas hésité à donner de sa personne, en particulier pour la construction d'un site Internet intitulé « Au service de tous », support de la « participation citoyenne » voulue par En Marche. Dans l'un des e-mails dévoilés par les MacronLeaks, on peut le voir s'inquiéter, le 8 septembre 2016, auprès de Julien Denormandie, la cheville ouvrière du staff macronien : « On risque d'être bloqué par la validation des devis. Je sais que la période est chargée :-) mais ce serait top si le trésorier pouvait les signer pour que l'on développe le site. » La plateforme, à laquelle travaillent deux autres collègues de Karim Tadjeddine, un consultant et un assistant, finira par sortir des limbes.

C'est aussi à un McKinsey *boy*, Mathieu Maucort, que revient la lourde tâche d'affuter les argumentaires de campagne. Ce junior, diplômé de Sciences Po et d'HEC, qui deviendra le directeur de cabinet du secrétaire d'État au numérique Mounir Mahjoubi, a par ailleurs été l'un des auteurs du rapport qui a inspiré la loi NOÉ. Parfaite utilisation des ressources aussi avec Guillaume de Ranieri, polytechnicien, ingénieur en aéronautique, spécialiste des dossiers militaires chez McKinsey, qui met son expertise au service du candidat Macron. Dans un e-mail daté du 17 octobre 2016, Hervé Grandjean, un haut fonctionnaire proche d'En Marche, peut ainsi écrire aux responsables du parti : « Vous trouverez en pièce jointe une présentation très fouillée et structurée, réalisée sous l'impulsion de notre camarade Guillaume de Ranieri, de McKinsey, qui aborde les points suivants : diagnostic de la Grande Marche sur les thématiques défense/sécurité, benchmark des positions des autres candidats à la présidentielle, sujets clés sur lesquels Emmanuel Macron pourrait avoir une approche différenciée. » Aujourd'hui, Guillaume de Ranieri dirige l'activité Aérospatiale et

Défense chez McKinsey. Hervé Grandjean, lui, est devenu porte-parole des Armées.

Deux autres hommes clés de la présidentielle de 2017, Arthur Muller, et surtout Guillaume Liegey, appartiennent eux aussi à la grande famille des McKinsey. Passés l'un et l'autre par Harvard, ils se lient d'amitié en 2012 au sein du cabinet américain où ils exercent tous les deux, puis ils fondent ensemble, avec l'apport financier des collègues de La Firme, une société spécialisée dans la collecte de data. Des informations précieuses qu'ils vendent aux politiques pour qu'ils peaufinent leurs stratégies électorales. En 2008, Guillaume Liegey participe à la campagne remportée par Barack Obama, puis, en 2012, à celle de François Hollande. Le 23 décembre 2015, il est appelé par Ismaël Emelien[23]. Le conseiller politique d'Emmanuel Macron à Bercy lui propose de participer à la création d'un tout nouveau parti politique, En Marche. Quand démarre la course présidentielle pour 2017, Guillaume Liegey joue un rôle primordial : c'est lui qui initie la Grande Marche durant laquelle les souhaits des Français sont recueillis, lui encore qui analyse toutes ces données inestimables.

Tout aussi significative des relations qui se tissent en 2017 entre McKinsey et En Marche, la présence de Jean-Christophe Pierron, responsable du suivi des budgets au sein du cabinet de consulting, à un dîner de l'équipe de campagne, le 23 novembre 2016, dans un restaurant du 10e arrondissement à Paris, Le Mordant. Ou encore la nomination d'Ariane

Komorn comme responsable du pôle Engagement du parti d'Emmanuel Macron. Cette normalienne, passée par la haute fonction publique, est aussi une McKinsey. Au moins jusqu'en 2021, l'année où elle crée sa propre entreprise spécialisée dans la rénovation énergétique.

Un couple En Marche

Si, lors de la marche vers l'Élysée, les McKinsey alignent les troupes les plus fournies, leurs concurrents du Boston Consulting Group ne sont pas en reste. Le directeur parisien du BCG, Guillaume Charlin, est l'un des premiers à apporter un don financier au tout jeune et futur parti présidentiel, ce qui lui vaut d'être convié, par le trésorier d'En Marche, Christian Dargnat, à un cocktail de remerciement le 13 juin 2016. « Deux mois après le lancement du mouvement, écrit le collecteur de fonds dans le bristol envoyé au boss du BCG, nous souhaitons informer nos premiers grands soutiens de son évolution, recueillir vos observations et échanger sur les perspectives de notre action. La soirée est prévue chez Stanislas Guerini, l'un des cadres d'En Marche, qui a transformé son appartement en premier QG de campagne. » Guillaume Charlin s'excuse, il n'est pas disponible ce soir-là, mais il lance une invitation à Emmanuel Macron *himself,* ainsi qu'à ses proches, pour la mi-juillet à son domicile. Dans le staff de campagne, l'information est vite relayée : « Hello, les amis, je vous prie de trouver ci-joint les coordonnées complètes de Guillaume Charlin. Emmanuel est prévu pour 20 h 30. À demain. »

À la même époque, un autre membre important du BCG, Guillaume de Montchalin, noue le même genre de relations. Le 28 juin 2016, cet ancien HEC, dont l'épouse, Amélie, s'apprête à adhérer à En Marche, puis à se présenter sous cette étiquette aux législatives de 2017 avant de rentrer au gouvernement en mars 2019, écrit à son ami banquier Stéphane Charbit et à sa compagne : « Vous êtes l'un et l'autre – je crois – impliqués de près ou de loin dans le mouvement En Marche de notre bon ministre de l'Économie. Or dans le cadre d'une petite tradition que nous avons au BCG d'accueillir, de temps en temps le vendredi midi, des personnalités marquantes pour un échange ouvert avec notre staff, je me demandais si vous pensiez qu'Emmanuel Macron pourrait être intéressé par une telle opportunité. » Guillaume de Montchalin a alors le titre de *partner* (associé) au cabinet, où il est entré en 2009. Pour le BCG, il a sillonné l'Europe, l'Asie, l'Afrique, l'Amérique du Nord ou du Sud. De 2012 à 2014, il a aussi travaillé au siège, à Boston.

Son épouse, Amélie, a également un CV long comme le bras (grandes écoles, banque, assurance). Et elle aime la politique, plutôt à droite. Valérie Pécresse, Nicolas Sarkozy, Alain Juppé surtout, qu'elle aide aux primaires de 2016. C'est parce que le maire de Bordeaux échoue qu'Amélie de Montchalin rallie

Emmanuel Macron. Élue députée de la 6e circonscription de l'Essonne, elle dira apprécier le macronisme parce qu'il s'inspire du fonctionnement managérial. Et ce n'est pas un hasard si après un bref passage aux Affaires européennes en mars 2019 – sa première fonction gouvernementale –, elle sera nommée, en juillet 2020, ministre de la Transformation et de la Fonction publiques (on notera que le terme de « transformation » arrive en premier...). À ce moment, son mari, Guillaume, devra quitter le BCG : compte tenu de nombreux marchés publics auxquels concourt le cabinet, le risque d'un conflit d'intérêts entre la ministre et son mari est devenu trop patent.

Au troisième rang mondial des multinationales du conseil arrive le cabinet Bain, encore un Américain. À notre connaissance, ses consultants ne se sont pas concrètement engagés aux côtés du candidat Macron. Le directeur du bureau de Paris, Olivier Marchal, lui a toutefois publiquement apporté son soutien lors d'une interview à la télévision anglaise entre les deux tours de l'élection présidentielle. Olivier Marchal y dit sa satisfaction de voir éliminer Jean-Luc Mélenchon, qu'il qualifie de « candidat populiste et anti-européen », et marque clairement sa préférence pour Emmanuel Macron qui, selon lui, « serait accueilli de manière positive par le patronat français ». À l'époque, cette déclaration a surpris, tant le milieu du consulting est habitué à la discrétion. Ses boss n'expriment jamais ouvertement de choix politiques. Mais l'aventure macronienne est sans doute si excitante qu'elle délie les langues, et pousse même certains à sauter le pas et à s'engager en politique…

Guillaume Kasbarian, manager chez PMP, un cabinet moins célèbre que les Big Three, les McKinsey, Bain et BCG américains, revendique être derrière Emmanuel Macron « dès le premier jour ». Élu député LREM en Eure-et-Loir, il se fera en 2018 – en tant que rapporteur de la commission d'enquête parlementaire sur l'affaire Alstom – le défenseur zélé de l'ancien ministre de l'Économie, critiqué pour avoir accepté la vente du fleuron industriel français au géant américain General Electric. Pierre Person n'a pas lui non plus mis son drapeau dans sa poche : lorsqu'il fonde, et préside, Les Jeunes avec Macron, il est en même temps consultant chez CGI, un géant canadien du consulting informatique (un des bénéficiaires des contrats Covid signés pendant la crise sanitaire), puis il sera élu député de la 6e circonscription de Paris.

D'autres ont fait le chemin inverse. Par exemple Zineb Mekouar, qui, après son passage dans l'équipe du porte-parolat d'Emmanuel Macron, a intégré en 2017 AT Kearney, groupe américain de conseil en stratégie. Martin Bohmert, autre dirigeant des Jeunes avec Macron, a lui atterri chez McKinsey en 2020. Sans parler des grands écorchés d'En Marche, membres du premier cercle d'Emmanuel Macron : Ismaël Emelien, son conseiller politique spécial, qui, contraint à la démission en 2019 dans la foulée de l'affaire Benalla, a créé sa propre agence, baptisée Usual. Ou Benjamin Griveaux qui, victime de sa *sextape*, a également annoncé en mai 2021 son intention de se lancer dans « le conseil aux dirigeants ».

Pour préparer 2022, le parti d'Emmanuel Macron n'a pas changé de méthode par rapport à 2017. En septembre 2021, il a recruté pour son pôle Idées Pierre Bouillon. Cet énarque inconnu du grand public, passé par Carrefour, était depuis 2018 consultant au BCG. À moins d'un an de l'élection présidentielle, la République En Marche semblait tant manquer d'inspiration qu'elle a publié une série de petites annonces sur LinkedIn. Profil recherché : des jeunes diplômés dans les « domaines des sciences politiques, de l'économie ou disciplines apparentées » avec « une première expérience professionnelle requise de 3 à 5 ans ». Nous avons rencontré Guillaume[24], un trentenaire dynamique possédant les compétences requises, qui a répondu à l'offre d'emploi. Très vite, un responsable du parti lui a donné rendez-vous pour un entretien téléphonique. C'était en juillet 2021. « Il m'a expliqué, nous confie Guillaume, que je travaillerais dans le pool Idées et Prospectives internationales. Il s'agissait d'animer un programme appelé "Pour une juste cause", de recevoir des contributions de citoyens, puis de les faire analyser par des consultants, afin d'établir ensuite des propositions programmatiques pour la future campagne présidentielle ». Recueil de data, traitement des données, mise en œuvre de préconisations.

Un second grand audit pour alimenter le programme de la Macronie. Le *process* est bien rodé. Et les consultants sont toujours à bord.

Chapitre 4

Grandes écoles et think tanks sous influence

Le 2 novembre 2021, nous nous rendons dans l'immeuble parisien, non loin du parc Monceau, qui abrite le Syntec, l'organisation syndicale des cabinets de conseil. La pré-campagne pour l'élection présidentielle est déjà bien engagée, et la profession a justement l'intention d'y prendre part : ses représentants ont conçu un authentique programme énonçant 35 priorités pour « redresser la confiance et la compétitivité de la France ». Les dirigeants du Syntec nous en donnent le détail sans se faire prier : diminuer de moitié la durée des indemnités chômage, alléger de 15 milliards les impôts pesant sur les entreprises, passer au plus vite la retraite à 64 ans...

Des mesures, en forme de remède de cheval, que « le parti des consultants » veut faire entrer dans le débat. Ces derniers, bien entendu, en réfuteront l'existence. Et de fait, ce parti n'existe pas. Pourtant, à force de frayer dans les sphères gouvernementales, les cabinets de conseil se préparent incontestablement pour la prochaine course à l'Élysée. Olivier Marchal, le patron pour la France du groupe Bain, porte-parole des 250 entreprises adhérentes au Syntec, résume ainsi la situation : «Nous sommes légitimes car nos cabinets sont les mieux placés pour avoir un état des lieux des grandes entreprises comme des services publics.» Également présent ce 2 novembre, Jean-Marie Hennes, le vice-président de Mars & Co (le cabinet qui avait été chargé par François Fillon d'évaluer ses ministres), enchaîne : «Nous faisons une distinction stricte entre la confidentialité que nous devons à nos clients et l'intérêt public. Et l'un n'empêche pas qu'on s'intéresse à l'autre.» Au risque de s'exposer au grand jour alors que tous sont d'ordinaire si discrets ? Apparemment oui.

Les responsables du Syntec nous annoncent ainsi qu'ils envisagent de se lancer dans un tour de France afin de rencontrer les grands maires, les présidents de région et même, espère Olivier Marchal, «les candidats eux-mêmes». Cinq ou six auraient déjà répondu favorablement à l'invitation. Le Syntec a prévu de leur fournir une étude longue de 100 pages intitulée *Accélérer pour ouvrir la voie des Trente Vertueuses*. Comprendre les trente prochaines années durant lesquelles la France devra réduire ses dépenses publiques et externaliser toujours plus ses fonctions administratives pour retrouver la compétitivité. Vaste programme.

Vaste marché aussi. La mise en chantier des Trente Vertueuses pourrait vite devenir synonyme d'une pluie de contrats. Et il est bien connu que l'on n'est jamais mieux servi que par soi-même. Bienvenue dans le monde merveilleux du « diagnostic-vente ». Ou comment les cabinets de consultants, à force de communication, de lobbying et d'études, parviennent à fabriquer et à mettre en scène un sentiment de l'inéluctable à propos du fameux changement dont eux seuls possèderaient l'art mystérieux. La pratique du « diagnostic-vente » a été très bien analysée par le sociologue Nicolas Belorgey dans son étude consacrée au « nouveau management public[25] ». Les cabinets, en investissant la bataille des idées, incitent leurs clients (privés ou publics) à acheter ensuite leurs prestations. Ce n'est jamais dit comme ça évidemment. La « com » des consultants est plus subtile. Mais le « diagnostic-vente » revient à être juge et partie. Et si pour la présidentielle 2022, ils affichent ouvertement leur programme, en réalité, cela fait longtemps qu'ils labourent le terrain, y compris auprès de la fine fleur des économistes.

McKinsey et les Nobel

Pour réfléchir aux grands défis économiques, et surtout préparer sa future campagne présidentielle, Emmanuel Macron a fait plancher, début 2020, Jean Tirole, Prix Nobel d'économie 2014, et Olivier Blanchard, ancien chef économiste du FMI, avec une vingtaine d'économistes, dont deux autres Prix Nobel. Surprise, dès qu'il est question de faire des propositions sur le fonctionnement de l'État, les pontes ont une référence : le cabinet McKinsey, qu'ils citent à quatorze reprises dans le rapport qu'ils ont remis au président[26]. Ainsi, pour lutter contre les inégalités, les économistes suggèrent d'améliorer le contrôle fiscal, mais comment ? Une petite recherche dans les notes de McKinsey et la recommandation tombe : utiliser l'intelligence artificielle pour repérer les anomalies et envoyer aux entreprises des demandes d'autocorrection. Mais attention, préconise le cabinet de conseil : « Pas un "big bang" », plutôt une « approche itérative moins susceptible de désorienter les agents publics et les contribuables eux-mêmes ». Et comment savoir si les robots vont nous piquer nos boulots ? Là encore, allô McKinsey ! Les économistes reprennent deux rapports du cabinet de conseil : l'un sur l'avenir du travail, l'autre sur « les entreprises apprenantes », pionnières des nouvelles technologies mais surtout capables d'y associer les salariés en les autonomisant. Une piste pour améliorer qualité de l'emploi et productivité en France. Tout un futur.

Cheval de Troie

Pour faire leur autopromotion, les Infiltrés sponsorisent aussi quantité d'évènements, comme les Victoires des acteurs publics, un prix remis chaque année par... le président de l'Assemblée nationale, récompensant les initiatives les plus innovantes prises par des services de l'État ou des collectivités locales. Plusieurs ministres assistent à cette cérémonie. En 2021, la Victoire « Management » a été décernée à la direction départementale des territoires et de la mer de l'Hérault pour sa « dynamique au plus près du terrain ». La Victoire « Innovation » au ministère des Armées pour son projet « Face à la crise, une plate-forme d'aide à la décision ». La Victoire « Service » au centre hospitalier universitaire Grenoble Alpes pour son « accompagnement culturel foisonnant ». À l'origine, chaque Victoire était même parrainée par un prestataire privé en fonction de sa spécialité. La Victoire « Innovation » par Orange, celle de l'« Organisation » par Logica, celle du « Service » par PWC... Désormais, on n'accole plus le nom des sponsors à une Victoire, il ne faudrait pas que le clin d'œil aux futurs clients soit trop explicite. Mais le show annuel reste soutenu par le gratin des cabinets de conseil – BCG, Capgemini, Accenture, Deloitte, CGI, EY, KPMG, PWC, Sopra Steria, Veritas, et des géants du numérique (Microsoft, Oracle).

Les Victoires des acteurs publics ont été imaginées par le journal éponyme, *Acteurs publics*, qui se décline aussi sur un site Internet, une newsletter quotidienne et une Web télé. Ce média, qui a pris son envol en 2008 aux belles heures du sarkozysme, a été créé par un proche d'Éric Woerth, Pierre-Marie Vidal. « J'ai réfléchi à un concept de magazine qui pouvait séduire des annonceurs qui s'adressent aux décideurs publics. La modernisation de l'État, c'est un cheval de Troie ! », a-t-il confié à la chercheuse Julie Gervais[27]. Ce créneau de la modernisation de l'État, très lucratif, se décline également, en dehors des Victoires, autour de débats où se côtoient les décideurs (fonctionnaires, ministres, élus locaux) et les annonceurs (prestataires privés du secteur public, au premier rang desquels les consultants). Loin de considérer ces évènements pour ce qu'ils sont, à savoir un outil de lobbying, la République les accueille à bras ouverts, jusque dans des institutions aussi peu perméables, du moins en théorie, que la Cour des comptes (rencontres des Acteurs publics en juin 2021) ou le Conseil d'État (la même chose mais en octobre).

Au fil du temps, les tables rondes d'Acteurs publics sont devenues le lieu privilégié de ce que les consultants appellent, dans leur prose inimitable, « l'adressage marketing » et le travail de « pro-procurement ». Pour le dire en bon français, les cabinets de conseil utilisent ces rencontres pour identifier les donneurs d'ordre de la commande publique. Avec les fonctionnaires qu'ils ont repérés et démarchés, ils agissent en amont et bâtissent des projets de réforme, se trouvant alors en position d'influer voire de participer à l'écriture des appels d'offres nécessaires à la réalisation de la réforme.

Estampillé « Montaigne »

La chose est peu connue mais les consultants ont aussi investi l'un des think tanks les plus réputés de la place : l'Institut Montaigne. Ce cercle d'inspiration libérale, dirigé par l'essayiste Laurent Bigorgne, soutien d'Emmanuel Macron lors de la campagne de

2017 et ami de longue date du président (tous deux se sont connus sur les bancs de Sciences Po) est en partie financé par les dons défiscalisés d'une quinzaine de grands cabinets dont Accenture, Advancy, Bearing Point, Capgemini, Eurogroup Consulting, Kearney, KPMG, Mazars, McKinsey, Roland Berger, Boston Consulting Group, ou Wavestone. Peu connu aussi, à moins de lire la presse spécialisée, le fait que ces cabinets réalisent certaines études estampillées par l'Institut. Pour ces cabinets, «Montaigne» fait tout autant office de label que de caisse de résonance. En certifiant leurs réflexions, le think tank en facilite la «reprise médias». Certaines problématiques surgissent ainsi dans le débat public.

Selon le site spécialisé (et très bien informé) Consultor, les entreprises de consulting ont été à l'origine de 20% des travaux publiés par le think tank entre juillet 2019 et juillet 2020 : le BCG s'est penché sur l'emploi en Seine–Saint-Denis, Roland Berger sur l'équilibre du système de retraite, Kearney sur la spécificité du mutualisme à la française. Pour sa part, McKinsey a cogité sur la numérisation de la santé, dessinant un avenir radieux pour les entrepreneurs du numérique et anticipant un marché à venir de 22 milliards par an : applications mobiles, e-prescriptions, chatbots médicaux pour répondre aux questions des patients, capteurs portables pour l'autogestion des maladies chroniques... Autant de «solutions innovantes» qui ont infusé jusqu'au plus haut sommet de l'État[28]. Même si les soignants, eux, disent surtout avoir besoin en priorité de lits de réanimation et de personnels qualifiés en nombre suffisant. Des revendications qui semblent presque d'un autre âge tant la novlangue des consultants a tout envahi.

Façonner les nouvelles « élites »

Il faut dire que les cabinets de conseil s'emploient à diffuser leurs idées dès les années de formation des futurs dirigeants. À Polytechnique, Centrale ou HEC, ils rivalisent de moyens pour attirer les meilleurs. Et ça marche. La Conférence des grandes écoles, qui examine chaque année le devenir des étudiants des établissements les plus prestigieux, indique qu'en 2020 30 % d'entre eux ont opté pour le consulting, à l'issue de leur scolarité. Près d'un tiers, c'est énorme et c'est aussi, à bas bruit, une mini-révolution. En 2007, seulement 7 % de ces diplômés choisissaient ce domaine d'activité. En 2010, ils étaient déjà 14 %. Aujourd'hui, le taux a doublé et le métier de consultant est l'un des plus prisés, supplantant les carrières offertes par la banque ou la finance, et loin devant les secteurs « traditionnels » de la construction, des transports, de l'énergie ou des services publics qui, depuis longtemps, peinent à séduire les forts en thèmes.

Pour attirer les jeunes générations, certains cabinets, dotés d'un budget « grandes écoles » de plusieurs centaines de milliers d'euros annuels, se sont, pour ainsi dire, installés au cœur des établissements, nouant avec eux divers partenariats ou incitant leurs *partners* à donner des cours. Ainsi, Karim Tadjeddine, l'associé de McKinsey, si actif dans la campagne d'Emmanuel Macron, a non seulement participé à la préfiguration de l'École des affaires publiques – une émanation de Sciences Po, dirigée de 2015 à 2021 par Yann Algan, le co-auteur de *L'État en mode start-up*, autre proche de l'actuel président –, mais il y dispense aussi aujourd'hui l'enseignement sur «la conduite du changement». Là encore, on n'est jamais mieux servi que par soi-même... Pour convertir les dirigeants de demain aux bienfaits de la transformation publique, les cabinets de conseil se font aussi les mécènes de «consulting clubs», financent des fêtes estudiantines ou organisent des sortes de «foires à l'embauche». Chaque année, à Centrale ou à HEC, se tient un Forum du conseil où les consultants postés derrière leurs stands vantent les avantages de leur profession.

Ne reculant devant rien, les cabinets draguent à l'intérieur même de Polytechnique, la fameuse école militaire qui forme le nec plus ultra des ingénieurs français. Ainsi, le 27 septembre 2021, des élèves de l'X postent sur Facebook le message suivant à l'intention de leurs camarades : «Vous êtes conviés à l'évènement McKinsey & Company, leader mondial du conseil en stratégie, le lundi 4 octobre sur le campus de Polytechnique pour rencontrer des consultants de référence mondiale, qui sauront vous montrer comment briller en entretien de recrutement. En prime, vous pourrez discuter opportunités de carrière autour des douceurs d'un traiteur mandaté par leurs soins.»

Le lendemain, sur le même groupe Facebook, arrive une deuxième invitation tout aussi mirobolante, mais émanant cette fois d'une autre entreprise de conseil, le Boston Consulting Group – lequel «organise une formation dans ses locaux à Paris le jeudi 7 octobre à 18h30 pour les X2A [les élèves de 2e année]». Le post précise que le BCG, «deuxième plus prestigieux cabinet dans le monde», a réservé une salle pour présenter ses offres de stages, que plusieurs de ses membres dispenseront un enseignement gratuit d'une heure trente sur les études de marché, qu'une navette transportera les étudiants depuis le campus de Polytechnique et que sur place, tous pourront «discuter avec les consultants de manière informelle» autour d'un verre gracieusement offert. Dans le verbiage globish qu'affectionne le petit monde du consulting, ces festivités s'appellent des «cocktail networks».

Et quand ce ne sont pas les élèves qui sont l'objet de toutes les sollicitations, ce sont les conseils d'administration. McKinsey compte ainsi plusieurs années d'entrisme au sein de Polytechnique. Dans les comptes rendus du conseil de l'école militaire, on découvre en effet que le cabinet a multiplié les missions auprès de la direction de l'X, notamment en 2013, pour définir des objectifs stratégiques en matière de recherche, ou encore en 2015 pour l'analyse des propositions contenues dans le rapport de Bernard Attali sur «l'avenir et la stratégie de Polytechnique». Des contributions aux allures de hors-d'œuvre. Pour le plat de résistance, il faut attendre 2018, l'année où le ministère des Armées mandate pour la première fois un chasseur de tête de chez HRM pour recruter le futur patron de l'école. Parmi les trois noms qui lui sont proposés, Emmanuel Macron coche sans hésiter celui d'un associé de McKinsey, Éric Labaye. Ce polytechnicien, fils d'instituteurs, se définit comme un pur produit de l'école républicaine, mais il aime aussi raconter comment, lors d'un séjour à New York au début des années 1980, il a été époustouflé par le best-seller de deux consultants de McKinsey (*In search of excellence*) et comment, à son retour en France, le bureau parisien du cabinet américain lui a payé une formation de troisième cycle, un MBA, à l'INSEAD.

Trente-trois ans plus tard, Éric Labaye a grimpé tous les échelons au sein de l'entreprise américaine. Jusqu'à devenir le premier Français à entrer à son conseil d'administration. Au moment de sa nomination à la tête de l'X, face aux détracteurs qui soulignent sa méconnaissance totale des milieux académiques, il répond : «Ils ne savent pas que j'ai dirigé pendant quatre ans le "capital intellectuel" de McKinsey, le think tank McKinsey Global Institute, avec 2000 chercheurs et 500 millions de dollars de budget annuel. J'y ai travaillé aux côtés de Prix Nobel!» Ce qui n'empêche pas sa présidence de cristalliser la grogne d'une grande partie des étudiants contre la mainmise du privé sur leur formation et d'attiser la colère d'anciens élèves, regroupés dans l'association La Sphynx. Symbolique d'une nouvelle ère qu'ils refusent, ces derniers ont par ailleurs saisi la justice contre Total, qui prévoit d'installer un bâtiment sur le campus de Polytechnique. Dans leur plainte, qui a entraîné en mai 2021 l'ouverture d'une enquête préliminaire au Parquet national financier, ils dénoncent, aux côtés d'Anticor et Greenpeace, une « prise illégale d'intérêts » : Patrick Pouyanné, le patron du groupe pétrolier, siège en effet au conseil d'administration de l'X.

Dans ce contexte, la nomination d'Éric Labaye agit comme une goutte d'eau sur un vase déjà plein. « Le législateur a perdu le contrôle de ses grandes écoles », affirme La Sphynx. L'un de ses membres, qui souhaite garder l'anonymat, encore imprégné du devoir de réserve associé, à ses yeux, au statut militaire des polytechniciens, se souvient que le prédécesseur d'Éric Labaye, Jacques Biot, accueillait déjà les étudiants avec ces mots : « Bienvenue à l'École de l'X. Je vais gérer l'école comme une entreprise, vous êtes tous mes clients. » Il se rappelle aussi le discours qu'il a entendu tout au long de ses études. « On nous serine qu'un passage par un cabinet de conseil va booster nos carrières et nos salaires. C'est une perte de sens complet par rapport à notre engagement initial. » Et, selon lui, le signe d'une dérive quasi schizophrénique : « Alors que Polytechnique est placée sous la tutelle de l'État français, qui paie les élèves pendant leur formation, de l'ordre de 700 euros par mois, une majorité des diplômés partent dans le privé en sortant ! Mais, là encore, on nous explique qu'on sert toujours l'intérêt général si on fait fonctionner l'économie. » Difficile de résister aux sirènes du consulting.

La carotte et le bâton

Rien que pour la première année, les salaires des débutants chez Roland Berger, Accenture ou au BCG tournent en moyenne autour de 45 000 euros annuels. Il faut avoir la foi dans le service public, ou alors pas mal d'abnégation, pour ne pas céder à la tentation. Au sein de la prépa ENA de Dauphine, les enseignants ont vu s'élever le nombre de candidats visant, à terme, un emploi dans un cabinet de conseil. En quelques années de communication et de lobbying intenses, les grands cabinets ont remplacé Rothschild dans l'imaginaire des jeunes diplômés : ils sont devenus le point de passage obligé pour gagner de l'argent rapidement, et pour pouvoir prétendre ensuite aux postes les plus enviés. Cependant, le droit d'appartenir à la future élite politique, administrative et économique se paie cash.

À entendre certains juniors, l'apprentissage s'apparente à un service militaire dans les « forces spéciales » du management. Il faut trimer soixante ou soixante-dix heures par semaine, être joignable à toute heure du jour et de la nuit. Sébastien Stenger, un jeune sociologue, également diplômé d'HEC, qui dans le cadre de ses travaux de recherche[29], a réussi à se faire engager plusieurs mois en 2016 dans l'un des plus gros cabinets de conseil internationaux, a fait l'expérience de ce rude entraînement. « Les consultants juniors, raconte-t-il, sont soumis à un dispositif sélectif appelé « *up or out* » qui classe chaque année les salariés les uns par rapport aux autres, puis départage ceux qui passeront au grade supérieur de ceux qui quitteront le cabinet. » Résultat : « La capacité à résister au stress, à la fatigue, à une charge de travail quasi inhumaine est perçue comme un signe apparent de supériorité. » C'est ainsi que se forgerait l'impitoyable culture du consulting. « Dans cette arène, résume le sociologue, les compétences techniques et la performance objective ne suffisent pas. En revanche, la capacité à réseauter et à manipuler les relations sont primordiales pour avancer dans la carrière. »

Chapitre 5

Grands corps malades

Mettre un pied dans la porte, tisser sa toile, se rendre indispensable. C'est le b.a-ba du métier évidemment. Arnaud Montebourg a pu constater, quand il était au gouvernement entre 2012 et 2014, comment les consultants ont investi les couloirs des cabinets ministériels. « Ils ont des idées tous les jours. Et toujours un truc à vendre. "Tiens, tu devrais faire cette politique". Ou alors ils s'adressent aux directeurs de cabinet ou à leurs adjoints à coups de *slides*, de PowerPoint... Ils sont comme les banquiers d'affaires en quête de deals, comme les investisseurs étrangers qui vous assiègent pour vous proposer de reprendre une boîte en difficulté ». Véronique B.[30], rigoureuse haute fonctionnaire qui était jusqu'à récemment à la tête de l'une des directions les plus emblématiques de l'État, témoigne de la même infiltration. « Ils viennent vous faire des propositions en permanence, nous explique-t-elle. Ils vous font miroiter des solutions miracles, alors on finit par craquer. On leur commande des micro-études, des mini-analyses qu'on s'arrange pour payer moins de

40 000 euros [le seuil qui oblige l'État à rendre public un marché]. Ensuite, quand ils nous rendent leurs premières conclusions, la proposition est toujours belle et, là, la mécanique s'enclenche pour un contrat en bonne et due forme avec à la clé un marché plus conséquent. Forcément, on va choisir le consultant qui nous a fait la première offre. Donc, il n'y a pas réellement de concurrence. » Arnaud Montebourg se montre encore plus critique. Même si, en tant que ministre du Redressement productif, il a lui aussi payé des cabinets, il voit désormais dans cette montée en puissance du consulting rien de moins qu'« une forme d'escroquerie » et aussi la preuve d'une « endogamie de la classe dirigeante ».

L'hybridation des élites

Cet entrisme est facilité par la porosité devenue la règle entre la « caste » des hauts fonctionnaires et la nouvelle « aristocratie » des consultants. Les uns comme les autres suivent de plus en plus souvent, on l'a vu, un cursus identique – Sciences Po, ENA, HEC, Centrale, ou Polytechnique. Cette proximité facilite ce que les sociologues appellent « l'hybridation des élites ». Rien de très original. Les passerelles ou les allers-retours entre la haute fonction publique et le secteur privé (banque, assurance, énergie, transports, etc.) sont depuis longtemps monnaie courante. Mais il y a encore deux décennies, les consultants ne participaient pas de ces transferts. Seuls quelques précurseurs avaient ouvert la voie : comme Jean-François Cirelli, l'actuel président pour la France du groupe américain BlackRock, qui était auparavant *senior advisor* chez McKinsey, après avoir été le PDG de Gaz de France. Ou Frédéric Lemoine, l'ancien secrétaire général de l'Élysée sous Chirac, qui a réussi l'exploit entre 2005 et 2008 de cumuler sa position de *senior partner* au sein de McKinsey et de président du conseil de surveillance d'Areva, l'ancien fleuron du nucléaire français. Depuis beaucoup ont suivi le même parcours. Le taux de désirabilité des cabinets grandissant en proportion de leur influence.

Le parcours d'Olivier Lluansi, par exemple, illustre bien ce phénomène. Associé dans le cabinet de conseil EY-Strategy consulting, il a été nommé en 2019 par le gouvernement délégué aux Territoires d'industrie. Auparavant il avait été conseiller, toujours pour l'industrie, du président François Hollande et aussi directeur régional chez Saint-Gobain. Aux dernières nouvelles, il est redevenu consultant, cette fois-ci dans un autre cabinet, chez Strategy&... Même genre d'aller-retour entre public et privé pour Jean-Marc Aubert. Ce polytechnicien, qui a démarré dans la fonction publique, avait quitté en 2017 le cabinet IQVIA, leader mondial de l'exploitation des données de santé, pour mettre en place le projet Health Data Hub, la plateforme informatique qui regroupe la totalité des données de santé personnelles des Français. Mission accomplie, en 2019, il est retourné prendre la tête de la filiale française d'IQVIA.

Désormais, toutes les multinationales du secteur ont leurs « transfuges ». Des cas qui ne sont plus des exceptions. McKinsey et le BCG comptent chacun une quinzaine d'énarques dans leurs rangs. Le cabinet Roland Berger est également connu pour soigner ses relations avec la haute fonction publique et le pouvoir. Axelle Lemaire, secrétaire d'État en charge du Numérique du temps des gouvernements Valls et Cazeneuve, y a trouvé abri depuis février 2018. Tout comme Dominique Bussereau, ministre de l'Agriculture et des Transports sous Jean-Pierre Raffarin puis sous François Fillon. Inversement, l'un des associés de Roland Berger, François Gobillard, a migré vers la DITP, la Direction interministérielle de la transformation publique. Il n'est pas le seul. Cette direction qui soutient les ministères dans leur démarche de modernisation et pilote les plus gros contrats de conseil de l'État compte dans ses rangs une vingtaine d'ex-consultants, dont son numéro deux : Axel Rahola, un ancien de Capgemini.

Devant une commission d'enquête du Sénat, en décembre 2021, Thierry Lambert, le patron de cette DITP, se disait bien conscient, compte tenu du profil de ses troupes, des risques de conflit d'intérêts. Il affirme suivre « des règles extrêmement strictes en matière de déontologie ». En commençant d'ailleurs par appliquer à lui-même ce code de conduite : « J'ai un fils qui dans le cadre de sa formation à l'École nationale des ponts et chaussées a fait un stage chez McKinsey. Il a eu par la suite une proposition d'embauche dans ce cabinet. J'ai aussitôt décidé de ne plus suivre les marchés ouverts à McKinsey, pour que l'on ne dise pas que mon fils a eu son emploi grâce à moi.» Compte tenu du nombre de contrats sur lesquels se positionne McKinsey, le directeur se retrouve cependant dans une position d'équilibriste. Des cas de figure similaires (même si tout le monde n'a pas un enfant qui travaille chez McKinsey) risquent fort d'ailleurs de se multiplier. Car, loin de vouloir réguler les transferts entre le public et le privé, le gouvernement sous Emmanuel Macron s'est employé à lever les éventuels blocages.

Depuis août 2019, la loi de transformation de la fonction publique portée par la ministre Amélie de Montchalin prévoit de favoriser «les mobilités vers le secteur privé». L'hybridation des élites sera désormais institutionnalisée via une agence de reconversion, avec dispositif de reclassement pour les personnels. En juin 2021, la ministre de la Transformation et de la Fonction publiques s'est aussi attaquée, par ordonnances, aux bastions les plus symboliques de la haute fonction publique. L'annonce de la fin de l'ENA, promise par le président pour calmer la colère des Gilets Jaunes, a fait la une. Mais la réforme vise aussi les inspections de l'Administration et les préfets. Il faut décloisonner, estime la ministre, attirer de nouvelles compétences. Traduction : ouvrir sur le privé. Demain, le DRH d'une grande entreprise ou l'associé senior d'un cabinet de conseil pourront entrer dans la carrière.

Pour les trois grandes inspections – l'Inspection des finances, l'Inspection générale des affaires sociales et l'Inspection générale de l'administration –, la posologie est radicale. Finis les grands corps ! S'il demeure des inspecteurs, ils ne seront plus protégés par leur statut. Ces organismes de contrôle, véritables cabinets de conseil de la République, ont été conçus pour réaliser, dans leurs domaines respectifs, des audits internes, vérifier l'exécution des grands projets, pointer les éventuels dysfonctionnements. Des missions que, ces dernières années, les consultants ont de plus en plus souvent menées. Cette concurrence a sans doute durablement affaibli les inspections, même si elles-mêmes ont souvent tendu le bâton pour se faire battre. Entre un tiers et la moitié des membres de l'Inspection des finances – la crème de la haute fonction publique, dont les agents sont sortis premiers de l'ENA – pantouflent. Ces adeptes des allers-retours entre le public et le privé semblent aujourd'hui plus soucieux de leur carrière que de l'intérêt général. Grands corps malades !

Seulement, ceux qui sont restés fidèles au poste bénéficiaient jusqu'alors d'un statut qui les rendaient indéboulonnables. Mais, une fois la réforme passée, ils pourront être déplacés dans d'autres services administratifs, en fonction des besoins. « Un inspecteur qui sera en poste pour quelques années seulement, confie anonymement l'un d'entre eux, devra systématiquement anticiper la suite de sa carrière, après son passage par l'inspection. » D'où une garantie d'indépendance moins forte, et un risque accru de soumission au pouvoir politique. C'est en tout cas le danger que de nombreux inspecteurs ont agité en signant tribunes et recours. À vrai dire, c'est l'aboutissement d'une évolution en germe depuis une quinzaine d'années. Car même les inspections ont été « infiltrées ». Qui aurait pu l'imaginer ?

Rémy[31], un inspecteur d'une quarantaine d'années, nous a raconté comment les gouvernements successifs l'ont contraint, lui et ses collègues, à collaborer avec des cabinets de conseil : « J'ai mené, dit-il, de nombreuses missions conjointes pour l'Inspection des finances, où nous avons été obligés de travailler en doublon avec des consultants. Des jeunes gens à la tête très bien faite mais qui ne connaissent strictement rien à l'État. » Crispation typique du haut fonctionnaire défendant son pré carré ? L'apport d'air frais « peut être utile sur certains sujets, s'empresse de préciser Rémy. Lors de missions à l'Opéra de Paris pour développer le mécénat d'entreprise, les consultants se sentaient à l'aise. Mais sur des sujets plus techniques, ils sont perdus. Ou alors ils arrivent avec des grilles toutes faites ». Toujours plus nombreux et aussi sûrs d'eux. « La vérité, poursuit Rémy, c'est que les politiques entretiennent une forte suspicion vis-à-vis des corps constitués parce qu'ils ne peuvent pas les assujettir. Et je pense que le temps n'est pas loin où on ira jusqu'à externaliser la fabrique de la loi. J'ai bien dit la fabrique de la loi, ce qui est la nature et le sens même de l'Administration ! » Nous avons recueilli des témoignages similaires, à l'Inspection des affaires sociales, d'énarques ayant été contraints de travailler en collaboration avec des consultants.

Même la Cour des comptes

Tenue à l'écart pour l'instant de la volonté réformatrice d'Amélie de Montchalin, la Cour des comptes n'est pas à l'abri, cependant, des « infiltrations ». Les cabinets de consultants ont aussi leurs entrées au sein de cette assemblée de magistrats inamovibles dont le rôle, la vérification de la régularité des comptes publics, est défini et donc protégé par la Constitution. Un cordon sanitaire qui, visiblement, n'est aujourd'hui plus assez dissuasif. Claude Revel, l'ex-déléguée interministérielle à l'Intelligence économique, a pu le constater, lorsqu'elle est devenue membre de cette juridiction financière en juin 2015.

« Dès ma nomination, confie-t-elle, le président, Didier Migaud, m'a demandé de travailler à la transformation numérique de la Cour. Pour lancer le chantier, une réunion a été organisée avec les principaux magistrats, le secrétariat général, et des personnes que je ne connaissais pas. À la fin de la réunion, j'ai vu un essaim fondre sur moi : c'était des consultants, qui m'ont assaillie de questions : "En quoi consiste votre projet ? De quoi avez-vous besoin ? Comment peut-on vous aider ?" Je peux vous dire que ce n'est pas moi qui les avais invités ! » Claude Revel reste encore stupéfaite par ce débarquement de consultants : « Ils savaient très bien qui j'étais. J'ai réalisé ce jour-là que les cabinets de conseil sont tellement présents à l'intérieur de notre Administration qu'ils savent tout ce qui s'y passe ».

L'ancienne conseillère a quitté la fonction publique au bout de quelques années pour créer sa propre société. Elle n'a pas eu le temps de voir que le marché de la transformation numérique de la Cour avait finalement été confiée à… Capgemini. Un contrat d'externalisation loin d'être une exception : depuis une dizaine d'années, la Cour dépense en moyenne, avons-nous découvert, entre 200 000 et 400 000 euros en prestations intellectuelles par an. En 2018, le président Didier Migaud dénoncera pourtant la vacuité de certains conseils, copier-coller, dira-t-il, de données collectées dans le service public…

Quelle leçon en tire Pierre Moscovici, son successeur à la tête de la Cour des comptes ? En février 2021, l'ex-commissaire européen, qui a pris ses nouvelles fonctions depuis un an, présente le « projet stratégique » qu'il entend mener dans les cinq prochaines années en tant que président de la juridiction financière. Ce rapport de 40 pages, disponible en ligne et intitulé *JF 2025,* ne fait aucune mention de la contribution de consultants. Un fâcheux oubli ? Sur un document interne, que nous nous sommes procuré, titré *Restitution des travaux JF 2025* et synthétisant des mois de discussions au sein de six ateliers, figure en toutes lettres une commande (une de plus) passée au cabinet Capgemini pour une analyse de documents produits par la Cour, ainsi que les synthèses de plusieurs questionnaires. Le tout, pour un budget de 255 000 euros. N'y avait-il vraiment aucun fonctionnaire pour effectuer ces études basiques ? « Non, nous a assuré un proche de Pierre Moscovici, Capgemini avait des compétences en traitement de données de masse que nous n'avions pas. » Il ajoute : « Le premier président nous avait demandé d'"ouvrir le capot" et de sortir de l'entre-soi ». Dont acte.

Mais, deuxième surprise, en interrogeant plusieurs personnes ayant assisté aux ateliers de réflexion, il est apparu que des consultants en avaient animé certains. « J'ai du mal à vous dire ce qu'ils ont apporté, rapporte l'un des participants. J'ai eu le sentiment qu'on avait passé beaucoup de temps à devoir leur expliquer ce qu'on faisait. Le plus étonnant, finalement, c'est que personne n'a tiqué, personne ne s'est dit : pourquoi, nous magistrats de la Cour, avons-nous besoin de prestataires extérieurs pour réfléchir sur nous-mêmes ? ». L'un des magistrats que nous avons interrogés a par ailleurs noté un détail qu'il juge révélateur : « Les envoyés de Capgemini ont repris l'idée émise par l'un d'entre nous d'une prime à la performance pour les magistrats. Sur quels critères ? Mystère. Ils ont en tout cas essayé jusqu'au bout d'introduire ce système de rémunération dans le rapport final. C'est vraiment typique des recettes qu'ils essaient d'appliquer partout. »

Dernière pépite cachée dans cette *Restitution de travaux JF 2025* : parmi les 200 « personnes qualifiées » auditionnées par la Cour, nous avons retrouvé les noms de trois dirigeants de gros cabinets : Thomas London de McKinsey, Étienne Grass de Capgemini et Hervé de la Chapelle de EY. Bizarrement, pourtant, ces auditions n'apparaissent pas dans le document publié sur le site de la Cour.

Des consultants si généreux

Pour accroître toujours plus leur influence, les consultants possèdent aussi une botte secrète : le *pro bono*. Une forme de prestation gratuite, dont ont usé certains cabinets au début de la pandémie de Covid – de McKinsey, intervenu auprès du gouvernement huit mois avant qu'un contrat ne soit signé officiellement, à Roland Berger, qui a proposé sa charitable assistance à Bercy, en passant par Capgemini, qui s'est mobilisé pour les Hôpitaux de Paris. Le *pro bono*, autorisé en justice pour la défense de personnes ne pouvant se payer un avocat, est devenu l'une des armes et des techniques marketing préférées des cabinets de conseil pour infléchir les derniers directeurs de cabinets, de services centraux ou ministres qui souhaiteraient encore les ignorer (oui, il en reste).

Sauf que dans le consulting, on s'en doute, rien n'est jamais tout à fait gratuit. « Derrière ce *pro bono*, il y a évidemment une logique commerciale », dit le président du Syndicat français de l'intelligence économique, Alexandre Medvedowsky[32]. Et un problème dont commencent à s'inquiéter certains députés. En février 2021, trente-cinq d'entre eux, conduits par le LR Olivier Marleix, ont déposé, devant l'Assemblée nationale, une proposition de loi visant à interdire ce genre de prestations. « Loin d'être vertueuses, disent les parlementaires dans leur exposé des motifs, ces aides gracieuses posent au minimum un indiscutable problème d'éthique et de transparence. Auprès des administrations publiques, elles permettent aux cabinets d'échapper aux obligations déclaratives auxquelles tous les représentants d'intérêts sont soumis. En outre, de telles interventions permettent à ces entreprises de se constituer un réseau d'obligés au sein de l'appareil d'État. Tôt ou tard, les services gratuitement apportés se paieront. »

Les députés ajoutent : « Auprès des partis politiques, ces interventions posent des problèmes encore plus graves puisque les apports de personnes morales de droit privé aux partis politiques comme aux campagnes électorales sont totalement prohibés. Elles constituent des délits d'abus de bien sociaux et de recel d'abus de bien sociaux. » En décembre 2021, la proposition des députés, renvoyée en commission des lois, n'avait pas encore été examinée par le Parlement.

Outre le *pro bono*, les cabinets de conseil, en quête d'influence, affectionnent aussi l'« accord-cadre », c'est-à-dire la possibilité donnée à l'Administration de passer des marchés globaux de conseil. Dans ces espèces d'achats groupés, chaque ministère ou agence d'État peut ensuite aller puiser, sans être obligé de repasser à chaque fois par un appel d'offres public en bonne et due forme. Cet outil de « simplification » n'est pas sans risque pour les pouvoirs publics. « Tout d'abord, c'est une incitation à la dépense », nous explique sans fard Noam Leandri, le secrétaire général de l'Ademe, l'Agence de l'environnement et de la maitrise de l'énergie. « Tout récemment, en mai 2021, rapporte-t-il à titre d'exemple, l'Ademe a bénéficié des services de McKinsey, à hauteur d'environ 1 million d'euros. Il s'agissait de nous aider à mieux nous coordonner avec l'Agence nationale de l'habitat, pour l'attribution de primes en matière de rénovation énergétique de bâtiment. Il faut être honnête, on aurait pu faire cela seuls, sans aide extérieure. C'est d'ailleurs sans doute ce qui se serait passé, s'il avait fallu en passer par un appel d'offres, mais comme nous avons pu piocher dans un marché global que l'UGAP (la centrale d'achats de l'État) avait passé en amont avec McKinsey, c'est la solution de facilité qui l'a emporté. »

Le secrétaire général de l'Ademe est le premier à se désoler de ce « gâchis d'argent public ». Il a fait ses comptes : « La charge annuelle d'un consultant représente 200 jours à 1 000 euros minima la journée, soit 200 000 euros. Si on recrute un intérimaire, ça nous coûte 100 000 euros, donc deux fois moins. Et si on fait appel à un fonctionnaire, 40 000 euros annuels, soit cinq fois moins. »

Normalement, les achats groupés ou accord-cadres (qui s'élèvent souvent à plusieurs dizaines, voire centaines de millions d'euros) doivent être négociés pied à pied, en faveur de l'État, par des experts issus de l'administration. Mais, dans bien des cas, ces marchés ressemblent à « des bombes atomiques mis dans les mains de soldats de seconde classe », nous dévoile Paul[33]. Cet ex-consultant, l'un des meilleurs spécialistes en France des marchés publics, est atterré par l'amateurisme de certains hauts fonctionnaires : « L'État ne sait pas acheter. Il n'arrive pas à faire jouer la concurrence entre les différents cabinets. » Dès 2014, la Cour des comptes ne disait pas autre chose : « L'achat de prestations de conseil souffre encore d'un manque de professionnalisme dans l'Administration. Certaines règles essentielles sont parfois contournées. » De surcroît, beaucoup de ces marchés se font « au tourniquet », c'est-à-dire qu'au regard de leur montant et de leur durée (en moyenne de deux à quatre ans), plusieurs cabinets sont sélectionnés. Ils interviennent ensuite sur les sous-marchés (comme celui contracté par l'Ademe) dans un ordre prédéfini (« au tourniquet ») et en fonction de leur disponibilité. Ce qui interdit toute renégociation postérieure une fois que l'accord-cadre a été signé. Il en a été ainsi du méga marché que l'État a passé pour 100 millions d'euros en 2018 avec les plus prestigieux cabinets de conseil en stratégie, McKinsey, le BCG, ou Roland Berger.

L'amateurisme de l'Administration, qui a si souvent sidéré Paul, culmine dans un secteur d'activité crucial, celui de la numérisation de l'État. Le nombre de fonctionnaires qui travaillent dans les directions informatiques des ministères est dérisoire. Conséquence, les consultants y ont littéralement pris le pouvoir.

Chapitre 6

Numérique : l'État a perdu le contrôle

Des promesses fabuleuses de consultants qui se transforment en pires cauchemars : c'est ce qu'ont vécu les fonctionnaires de la rue de Grenelle avec SIRHEN, un outil informatisé lancé avec tambours et trompettes en 2008. SIRHEN pour « Système d'information et de gestion des ressources humaines du ministère de l'Éducation nationale ». Un bijou de modernité selon ses inventeurs. Tout est regroupé en une seule application : la paie, la formation, l'avancement et l'affectation de près d'un million d'agents. Heureusement car le ministre de tutelle, Xavier Darcos, y a mis le prix, ses successeurs aussi : SIRHEN a coûté 350 millions d'euros aux contribuables. Hélas, en pure perte ou presque : le mirifique système a fait s'arracher les cheveux à tous ceux qui ont essayé de s'en servir !

En 2018, dix ans après l'acquisition de cet inutile joujou, Jean-Michel Blanquer se résout à annoncer son abandon pur et simple, en même temps que la Cour des comptes se penche sur cet accident industriel. Les magistrats de la juridiction pointent le pilotage «chaotique» et «inapte» des hauts fonctionnaires en charge du projet. Les juges financiers se montrent tout aussi sévères avec les prestataires extérieurs. Car ce sont eux, Capgemini en tête, qui ont convaincu le ministère de remplacer un logiciel qui jusque-là s'acquittait honorablement de ses tâches. Ce sont surtout eux, fustige la Cour, qui auront livré des «applications de mauvaise qualité», fait «dériver le calendrier», et facturé leurs «prestations intellectuelles pour 263 millions d'euros, soit 71 % des dépenses totales», faisant basculer les comptes dans le rouge écarlate.

Les CASSOS

Et s'il n'y avait que l'Éducation nationale. Dans nombre de ministères, de la Défense à la Justice[34], la numérisation des services de l'État a des allures de gouffre sans fond, avec, à chaque fois, des sociétés de conseil à la manœuvre. L'exécutif a fini, plus ou moins, par en prendre conscience sans que pour autant les choses ne changent. Le système se mord la queue. Henri Verdier, qui était le directeur interministériel du numérique jusqu'en 2018, est bien placé pour le savoir. Il n'a cessé d'entendre au sein de ses équipes : «Nous avons deux soucis, les GAFAM et les CASSOS». Soit d'un côté les Américains Google, Amazon, Facebook, Apple et Microsoft et de l'autre les Français Capgemini, Atos, Sopra Steria, Orange, et SIA Partners. Les CASSOS, donc. Un vilain sigle pour ces entreprises florissantes.

« Sans elles, l'État ne sait plus faire », reconnaît cependant Henri Verdier, normalien et ex-créateur de start-up. L'État est devenu accro : il a pris l'habitude de se shooter au consulting informatique sans songer à former ses propres experts.

La députée socialiste du Tarn-et-Garonne, Valérie Rabault, fait le même diagnostic : « La numérisation a toujours été un parent pauvre, que les gouvernements soient de gauche ou de droite. Et l'on se retrouve aujourd'hui dans une situation plus que délicate : une myriade de contrats passés avec de multiples cabinets ! » La parlementaire a pu le vérifier en 2018, en tant que rapporteuse du budget sous François Hollande, lorsqu'elle a procédé à une « saisie sur pièces » dans les ministères pour connaître précisément leurs moyens informatiques. « Malheureusement, poursuit-elle, tout le monde a fait la même chose. L'informatique est un investissement, donc le genre de dépenses que l'on pouvait biffer le plus rapidement. Seul le ministère des Finances a développé de réelles compétences. »

L'année où Valérie Rabault a mené sa petite enquête, la Cour des comptes est arrivée à des conclusions identiques : à l'exception de Bercy, tous les ministères sont à l'os. La Justice assure en interne seulement 9 % de ses besoins informatiques, les Affaires étrangères 10 %, la Culture 14 %. La situation est encore plus catastrophique quand l'État ambitionne de lancer de très grands projets. « Nous ne sommes plus en mesure d'internaliser des compétences stratégiques », lâche Nadi Bou Hanna, le successeur d'Henri Verdier à la Direction interministérielle du numérique. Le 14 octobre 2020, auditionné par une commission d'enquête du Sénat, il ne mâche pas ses mots : «Je constate que 90 % à 95 % de la maîtrise des grands projets ou des technologies est aujourd'hui externalisée. Les couches d'externalisation s'empilent : elles impliquent des grands cabinets de conseil, l'assistance à maîtrise d'ouvrage, l'entreprise de maîtrise d'œuvre, l'opérateur externe... Au final, l'ordonnateur ne dispose pas d'une vue d'ensemble et ne maîtrise pas le dispositif. Il perd la main.»

Cette dépossession est sidérante alors que la modernisation de l'Administration, à l'agenda des gouvernements depuis quinze ans, repose en grande partie sur la numérisation. Même Amélie de Montchalin, la ministre de la Transformation publique, reconnaît que la cote d'alerte est atteinte : «Nous ne devons pas nous laisser enfermer dans nos relations avec des sous-traitants, nous déclare-t-elle au printemps 2021. Pour que nous puissions refaire des choses par nous-mêmes, j'ai lancé le recrutement de développeurs, de chefs de projets, d'acheteurs numériques, de designers.» En tout, près de 400 offres d'emplois. Évidemment, le ministère peine à les pourvoir. Les candidats potentiels, partout courtisés, préfèrent le plus souvent les salaires du privé, de 20 à 30 % plus élevés.

Autre chiffre tout aussi cruel : le pourcentage d'informaticiens «publics». Ils sont aujourd'hui 17 000, sur un total de 2,5 millions de fonctionnaires. Soit 0,68 %

du personnel d'État. Un ratio proprement ridicule. Et une profession laissée en déshérence ces deux dernières décennies. Parmi ses informaticiens de l'Administration, mal payés, peu considérés et insuffisamment formés, combien savent réellement coder ? Quelques centaines, tout au plus. Peut-être encore moins, assurent ceux qui connaissent l'impéritie de ces services. Le fossé à combler est tel, disent-ils, que le gouvernement doit « tout revoir » et se doter au plus vite d'« une filière d'excellence en informatique », à l'instar du corps d'ingénieurs que l'État a su créer jadis. Valérie Pécresse, l'ex-ministre de la Recherche, puis de la Réforme de l'État, ne passe pas pour une défenseuse zélée de la fonction publique. Pourtant, elle aussi appelle de ses vœux « une École nationale du numérique, dont les étudiants rémunérés pendant leurs études auraient vocation à travailler dix ans dans la fonction publique[35]. »

La présidente de la région Île-de-France n'est pas à une contradiction près : lorsqu'elle a lancé son programme présidentiel pour 2022, elle a promis la suppression de 150 000 postes de fonctionnaires. Instaurer un grand corps d'informaticiens alors que la tendance a été jusque-là, et encore plus sous le quinquennat Macron, de casser la « forteresse » des préfets, des énarques, des inspecteurs ? Pour recruter, il faudrait surtout accepter d'en finir avec la sacro-sainte « fongibilité asymétrique ». Cette règle, mise en place en 2001, autorise les dépenses additionnelles pour l'achat de prestations à un cabinet de conseil, mais interdit d'utiliser la même somme pour embaucher un fonctionnaire. Quand bien même ce cabinet, compte tenu de sa marge et de la TVA, coûte 40 % plus cher.

En juillet 2020, la Cour des comptes, encore elle, a estimé en conclusion d'un rapport au vitriol sur « la conduite des grands projets numériques de l'État » que « l'incapacité à trouver des marges dans la limite des plafonds d'emploi conduit à des situations de dépendance excessive à l'égard de prestataires de services, qui sont de surcroît financièrement plus coûteuses que le recours par l'Administration à des recrutements. »

Dans le même temps, par un effet de balancier imparable, les grandes sociétés de consulting informatique ne se sont jamais aussi bien portées. Partout éclosent des marchés, la France n'étant pas le seul pays en proie à mille difficultés pour adapter son Administration au rythme et à la vitesse inouïe de la numérisation (l'Allemagne est encore plus à la traîne). Dans ce secteur qui connaît un taux de croissance à deux chiffres, Accenture affiche un chiffre d'affaires de 50 milliards de dollars. C'est ce mastodonte américain que le gouvernement français a choisi pour l'épauler au début de la crise du Covid. Accenture a aussi été sélectionné par la Caisse des dépôts, l'Agence pour l'emploi des cadres ou la Caisse de mutuelle des universités pour les assister dans leur virage numérique.

Jusqu'à il n'y a pas si longtemps, pourtant, le conseil en informatique, contrairement au consulting en stratégie trusté par les anglo-saxons, était tenu par des sociétés françaises. En premier lieu Capgemini qui, en dépit de la concurrence, a connu un bond spectaculaire, passant de 12000 salariés en 1990 à 270000 aujourd'hui. C'est que dans le numérique, les contrats atteignent souvent des sommes astronomiques. La Caisse nationale de l'assurance maladie a par exemple signé, le 26 août 2020, un marché de 520 millions d'euros pour développer ses systèmes informatiques et en assurer la maintenance, avec Capgemini, Sopra Steria et Atos. Quelques mois plus tôt, en janvier 2020, l'UGAP, la centrale d'achats de la fonction publique, avait déjà commandé, en une seule fois, pour 730 millions d'euros de «prestations intellectuelles informatiques».

Désormais, les CASSOS ont leur rond de serviette dans nombre de services de l'État au point que celui-ci risque de ne plus être maître à table. Tous les ingénieurs le savent : une société qui installe un système d'information, et le fait évoluer, détient les clés du dispositif. Aucun commercial n'ignore non plus que les contrats de maintenance sont les plus juteux. Le client se retrouve prisonnier de son prestataire. Noam Leandri, le secrétaire général de l'Ademe, en a fait l'expérience à ses dépens : «Quand j'ai pris mes fonctions à l'agence fin 2016, raconte-t-il, j'ai découvert un acronyme que j'ignorais, la TMA (tierce maintenance applicative). Je me suis surtout rendu compte que les consultants nous facturaient d'abord la fabrication d'une application, puis un premier contrat en TMA. Sauf qu'au bout d'un moment, ils augmentent leur prix. Et là on n'a pas le choix : soit on passe par une autre société et on perd un temps fou, soit on paie et ainsi de suite. À l'arrivée, on dépense dix fois plus en consulting que si nous avions des informaticiens en nombre suffisant. »

La France piégée ?

Prisonnier en sa demeure, l'État est aussi en passe d'abandonner sa souveraineté numérique, prévient Henri Verdier, nommé « ambassadeur du numérique » par Emmanuel Macron, après son départ de la Direction interministérielle de l'informatique. En octobre 2020, devant une commission d'information parlementaire, l'ambassadeur a clairement posé les termes du débat : « Avec le recul historique, il apparaît que les acteurs de la révolution industrielle d'il y a trois siècles ont exercé une domination durable sur l'ordre du monde, pour son bien (le progrès) ou son mal (la domination). Aujourd'hui, nous assistons à une nouvelle révolution industrielle et certains pays savent que leur destin, dans les trois prochains siècles, se joue dans la maîtrise de cette technologie. Nous assistons donc à une course à l'hégémonie. » Ses répercussions, avertit encore Henri Verdier, se font déjà sentir : « Je rappelle que 90 % des applications de nos smartphones ont accepté les conditions de service d'Android et Apple, peut-être de Facebook, Connect, Paypal, et certainement de Google Maps.

Ces applications peuvent donc subir, du jour au lendemain, des modifications de leurs conditions de service. Par exemple, Google Maps a, en 2018, changé les tarifs de son interface dans sa version professionnelle en les multipliant par 100 pour certains utilisateurs. Lorsque j'étais directeur interministériel du numérique, j'ai vu des sous-préfectures fermer des applications car elles n'étaient pas en mesure de les financer à hauteur de 3 000 euros par an. »

Cette situation crée de la vulnérabilité et une asymétrie. En particulier pour le cloud, ce nuage informatique qui permet à une personne de retrouver ses photos, vidéos ou textes, qu'elle se connecte depuis son ordinateur ou depuis son téléphone portable, et aux administrations ou entreprises de partager des documents de travail entre leurs différents services, où qu'ils se situent. Ces « entrepôts de données », devenus indispensables à tous les échanges, étant aux mains de sociétés américaines – Amazon en tête, mais aussi Microsoft ou Google –, cela signifie, très concrètement, que lorsque McKinsey, Roland Berger ou le BCG sont missionnés par l'État français pour travailler dans la Défense ou à Bercy, ces cabinets de conseil risquent de stocker toutes les données auxquelles ils ont eu accès dans un cloud américain. Le souci est que les États-Unis pourraient, un jour, exiger d'en prendre possession en raison d'une loi extraterritoriale, le Cloud Act, que Washington a adopté en 2018.

Ce dispositif législatif oblige toutes les entreprises américaines du cloud à transmettre à leurs autorités l'intégralité de leurs données, même si elles sont conservées sur des serveurs basés en Europe ou en France. Comment éviter que des renseignements stratégiques (secrets industriels, logistiques militaires, études de brevets) soient potentiellement divulgués ? Une seule solution : que la France possède son propre cloud.

« Cette bataille, aujourd'hui, soyons clairs, on l'a perdue », a affirmé Emmanuel Macron le 14 septembre 2020, devant une centaine d'entrepreneurs rassemblés pour la French Tech, un évènement organisé par des start-up tricolores. Avant de lancer un appel à la mobilisation. « Si on veut maîtriser durablement notre écosystème, ajoute alors le président, si on veut vraiment être souverain au niveau européen, on doit rouvrir ce sujet. » Un an plus tard cependant, à l'automne 2021, la croisade pour le « cloud souverain » ne semble plus à l'ordre du jour. Bruno Le Maire, le ministre de l'Économie, évoque seulement la mise en place d'un « cloud de confiance ». Nuance. Et signe qu'entretemps, le gouvernement a revu ses ambitions à la baisse. La France aurait pris trop de retard, les États-Unis seraient devenus irrattrapables, d'où l'incitation qui est faite aux sociétés françaises de travailler au sein de co-entreprises : Thalès devra collaborer avec Google, Capgemini avec Microsoft, etc. Des partenariats qui devraient permettre de bénéficier des technologies américaines tout en conservant les données françaises dans des serveurs situés dans l'Hexagone. Une parade suffisante pour se mettre à l'abri du Cloud Act ? Les juristes sont pour le moins dubitatifs. Les États-Unis, on l'a vu lors des poursuites qu'ils ont intentées ces dix dernières années contre la BNP, Alstom, ou la Société Générale, ont une vision pour le moins extensive de l'extraterritorialité de leur droit...

Ces étranges objets de la vie quotidienne

S'il est vital de protéger les données confidentielles des entreprises, il l'est tout autant de pouvoir, à l'inverse, partager les données publiques. Jean Castex en faisait même un « enjeu primordial » dans une circulaire datée du 29 avril 2021. Le Premier ministre rappelait à cette occasion « toute l'importance que revêtent l'ouverture et la réutilisation des données publiques : elles servent à la fois le pilotage et l'efficacité de l'action publique, une meilleure évaluation des politiques, la transparence et le suivi de l'action gouvernementale, comme le débat démocratique. » La ministre Amélie de Montchalin y a déjà consacré plus de 150 millions d'euros depuis 2018. Parmi les applications concrètes de cette « politique de la donnée », il y en a de bon sens. Exemple, le développement du « Dites-le nous une fois », qui consiste à faire en sorte qu'un usager n'ait pas à fournir pour chacune de ses démarches administratives une tonne de justificatifs, toujours les mêmes. Ces informations pourraient donc être stockées dans un seul serveur. En revanche, d'autres programmes apparaissent beaucoup peu plus fumeux et toujours assortis de très importants contrats de consulting.

En 2018, la DITP (Direction interministérielle de la transformation publique) a ainsi passé pour plus de 2 millions d'euros de marchés avec BVA, TNS Sofres ou PWC pour des « études barométriques sur la complexité administrative auprès des usagers des services publics ». En clair pour transformer en données le sentiment d'exaspération. Probablement avec l'illusion qu'une fois chiffrée, la colère ou l'incompréhension des usagers deviendrait traitable par les algorithmes. Dans la Start-up Nation, on ne parle plus de la « culture du résultat », comme sous Nicolas Sarkozy, on a le culte du « dernier kilomètre », image empruntée au monde de l'e-commerce pour illustrer la difficulté à atteindre les gens. Mais l'objectif reste le même : mesurer l'efficacité des politiques publiques. Avec l'espoir, comme le rappelait Jean Castex, que cela « serve le débat démocratique ».

En 2018, Emmanuel Macron, sur une idée de son conseiller spécial Ismaël Emelien, appuyée par son secrétaire général Alexis Kohler, a même demandé à ses ministres d'établir une liste d'« objets de la vie quotidienne », les OVQ, censés illustrer par un chiffre l'impact du programme présidentiel. Parmi ces OVQ, on trouve alors de tout. L'évolution du nombre de contrats d'apprentissage, de petits déjeuners servis dans les écoles, des capacités de « savoir nager » encouragées par la ministre des Sports, Roxana Maracineanu, dans son plan « Aisance aquatique »...

Au printemps 2020, deux ans après l'invention des OVQ, il a bien fallu se rendre à l'évidence : personne, dans l'opinion publique, ne connaissait, ni ne se souciait de ces obscurs « objets de la vie quotidienne ». Mission fut alors confiée à Amélie de Montchalin, tout juste nommée, de sortir du chapeau une autre manière de mesurer l'efficacité des politiques publiques. En janvier 2021, la ministre met donc en place un « baromètre de l'action publique », le BAP, alimenté par chaque ministère. Depuis, tous les mercredis, un ministre pitche ses indicateurs devant ses collègues. Amélie de Montchalin n'est pas peu fière de son BAP. Un authentique « gage de crédibilité », se réjouit-elle. Pourtant ce baromètre bugge lui aussi. Il n'est pas plus performant que les OVQ pour refléter la réalité. Emmanuel Macron en a fait lui-même l'amère expérience. À l'automne 2021, à l'issue d'une visite de trois jours à Marseille, il annonce un « plan historique » pour la cité phocéenne, avec un volet prioritaire pour lutter contre l'insécurité. Depuis le printemps, la ville doit faire face à une série dramatique de règlements de compte meurtriers (une quinzaine de morts). Mais, malgré ce contexte, lors de la conférence de presse que le président donne à l'issue de son séjour, il est bien forcé de reconnaître « en toute honnêteté » dit-il, que « la délinquance a baissé ». À Marseille, le BAP, baromètre de l'action publique, est au vert. À en croire les données, la lutte contre les stupéfiants aurait même progressé à hauteur de 114 %. « Oui, les chiffres sont bons », poursuit Emmanuel Macron, un rien embarrassé, mais, enchaîne-t-il aussitôt, « c'est que... la criminalité est... de plus en plus violente ». C'est toute la limite des indicateurs de performance, tant vantée par les cabinets de consultants – ils peuvent parfois dire qu'il fait beau quand il pleut, ou l'inverse. Les policiers le savent. Le président le sait tout autant. Qu'importe, le BAP continue d'être une boussole pour le gouvernement.

Chapitre 7

L'hôpital malade de son administration

Connaissez-vous la médecine des 5 P ? C'est celle qui doit « permettre à la France de se projeter dans le futur », explique Olivier Véran, le 18 octobre 2021, en présentant son plan de 650 millions d'euros pour la santé numérique. Une « médecine des 5 P : Personnalisée, Préventive, Prédictive, Participative et des Preuves », détaille le ministre. Mais où a-t-il été piocher pareil slogan ? Chez McKinsey ! Un an plus tôt, dans une étude intitulée *E-santé : augmentons la dose !* réalisée pour l'Institut Montaigne, le cabinet américain préconisait, en effet, pour faire des milliards d'économie, de s'engager à fond dans « la médecine des 4 P : Prédictive, Préventive, Personnalisée et Participative. » Le ministre se sera donc contenté d'ajouter un P...

Cette imprégnation des idées de McKinsey jusqu'au cœur du gouvernement est l'œuvre d'un associé de La Firme dont nous n'avons cessé de croiser l'ombre durant notre enquête : Thomas London. Cet ingénieur télécoms (CentraleSupélec), également diplômé du très prestigieux Massachussetts Institute of Technology

(MIT) en aéronautique et aérospatiale, est aujourd'hui l'expert privé de la Réforme de l'État le plus écouté de France. Seul consultant invité par le Premier ministre Édouard Philippe à plancher sur les réformes administratives au sein du Comité Action Publique 2022, « personne qualifiée » auditionnée par la Cour des comptes pour établir sa feuille de route pour 2025, il était aussi l'un des mystérieux consultants imposés au général Gallet aux premiers jours de la pandémie...

Il a décliné notre demande d'interview. Mais, en remontant le fil de ses quelques interventions publiques, on retrouve une étrange symbiose entre ses positions et celles des ministres de la Santé successifs. Ainsi, en 2017, il se déclare un partisan acharné de « l'industrialisation des soins ». « Une nécessité », dit-il dans une interview donnée au site spécialisé Décision & stratégie Santé. Au journaliste qui lui fait remarquer que les soignants sont vent debout face à cette « industrialisation », il précise qu'il préfère les termes d'« efficience » ou d'« amélioration des résultats cliniques » car « le mot fait peur » mais, ajoute-t-il, « c'est bien ce dont on parle. » Au passage, on notera cette habitude des consultants de communiquer sur « l'amélioration de la qualité du service » et « des conditions de travail » avant de parler « d'efficacité », le tout pouvant se résumer en un seul mot : productivité...

L'année suivante, Thomas London soutient d'ailleurs sans réserve, dans le quotidien libéral *L'Opinion*, la réforme Santé 2022 dessinée par Agnès Buzyn. « L'enjeu est de sortir de l'hospitalo-centrisme pour rebasculer une partie de la dépense hospitalière vers la médecine de proximité», décrypte-il. Selon ses calculs, la France souffrirait d'une surcapacité de lits à l'hôpital «de l'ordre de 20 % à 25 %». «Plutôt que de fermer de petits hôpitaux, ce qui est toujours compliqué politiquement», il prône l'accélération des regroupements d'hôpitaux. Une politique dont on a pu mesurer les conséquences tragiques lors de la première phase de la pandémie.

«On est tellement au taquet, qu'on n'a même plus le temps de penser», souffle un haut fonctionnaire de l'administration de la Santé. «Et pendant ce temps, se désole-t-il, les grands cabinets débarquent chaque année avec leurs PowerPoint pour nous proposer de nouvelles économies.» Un cercle vicieux dans lequel l'État s'est enfermé depuis vingt ans et ne semble pas prêt de sortir. Au point que tenter de répertorier tous les contrats de conseil conclus par les organismes en charge de la santé publique en France donne vite le tournis.

Un millier de contrats

En 2016, la chambre régionale des comptes d'Île-de-France avait ainsi demandé à l'Assistance publique-Hôpitaux de Paris (AP-HP) de lui envoyer tous les marchés passés avec des prestataires extérieurs entre 2010 et 2014 : elle en avait reçu... 1044! Il y en avait dans tous les domaines imaginables (informatique, financier, juridique, ressources humaines, organisationnel), dont 110 rien que pour la stratégie et la gestion. La directrice générale nommée en 2010 après trente ans de carrière à la SNCF, Mireille Faugère, avait même commandé 4,5 millions d'euros de conseil à l'usage exclusif de la direction de l'AP-HP. Elle fut débarquée en 2013.

Son successeur, Martin Hirsch, s'était empressé de faire le ménage. Il avait suspendu le dernier contrat de « conseil stratégique » qui courait encore, et promis de désintoxiquer l'AP-HP des consultants. Pas si facile... Nous avons été vérifier : il existe toujours de nombreux marchés, sur des sujets aussi variés que la veille médiatique, le coaching des cadres, l'accompagnement psychologique des personnes reclassées, les systèmes d'information, pour des montants allant de plusieurs dizaines de milliers à plusieurs dizaines de millions d'euros. En pleine pandémie, l'AP-HP a dû appeler à l'aide Capgemini (création d'un centre d'appel et d'une application de suivi des patients), Roland Berger (gestion des besoins en personnels et matériel, plateforme d'e-learning) et le BCG (prévisions des besoins de renforts). Des cabinets qui sont intervenus gratuitement dans le cadre de leurs activités de mécénat. C'est en tout cas ce qu'ils se sont empressés de faire savoir.

Les besoins en prestations intellectuelles émis par les hôpitaux sont si pléthoriques que le réseau des acheteurs hospitaliers, le Resah, qui regroupe 556 services et établissements français, publie désormais un catalogue dédié uniquement à cette catégorie. Les fournisseurs ?

Les grands noms du consulting (Capgemini, EY, PWC, BearingPoint) et d'autres plus petits comme le français Mazars ou Opusline, un spécialiste de la santé racheté par Accenture en 2020.

Comment l'hôpital en est-il arrivé à ce degré de dépendance ? Cela s'est fait en deux étapes. Il y a d'abord eu la loi de 2007, instaurant la tarification à l'activité, qui incite les hôpitaux à multiplier les actes, puis celle de 2009, qui, dans le sillage de la RGPP, en pleine période de restrictions budgétaires, crée les agences régionales de santé, les ARS. Officiellement, ces ARS avaient pour objectif louable de coordonner la politique de santé au niveau local. En réalité, elles auront surtout pour mission de placer les hôpitaux sous pression financière. Pas très surprenant lorsque l'on sait que leur création a été pilotée par deux grands cabinets : Capgemini et le BCG. Le conseiller chargé du dossier auprès de Roselyne Bachelot, alors ministre de la Santé, venait de McKinsey et y est retourné ensuite. Quant au secrétariat du groupe de travail sur la réforme, il était assuré par Capgemini !

« Il y avait ce sentiment très fort que si on faisait appel à l'Administration, rien ne changerait jamais », se souvient le sociologue du CNRS Frédéric Pierru. « Une forme d'idéologie s'est instillée, la conviction que le privé faisait forcément mieux que le public. C'est un mythe qui ne repose sur aucune étude, mais qui a l'apparence de la rationalité. » C'est toujours dans cette même logique que le recrutement des directeurs des

ARS a été confié au début des années 2010 à un cabinet extérieur, Salmon & Partners. Les appels à candidatures parus à l'époque en témoignent : aucune connaissance dans la santé n'était exigée, seulement une expérience managériale de haut niveau. On cherchait de purs gestionnaires. Pour finir, les candidats ont été sélectionnés par un comité ad hoc présidé par… Jean-Martin Folz, ex-patron de Peugeot Citroën.

En 2012, la ministre socialiste de la Santé, Marisol Touraine, a encore renforcé la pression financière, en conditionnant les investissements consentis aux hôpitaux par les ARS à un strict retour à l'équilibre budgétaire. Pour remplir leurs missions, les agences ont alors démultiplié les recours aux cabinets de consulting. En 2016, c'est l'ARS Aquitaine-Limousin-Poitou-Charentes qui commande une revue générale de l'offre de soins de sa région. L'année suivante, l'ARS Auvergne–Rhône-Alpes demande comment mutualiser les établissements privés et publics. En 2018, l'ARS Auvergne–Rhône-Alpes paie 300 000 euros de prestations de coaching. L'année suivante, l'ARS Nouvelle-Aquitaine veut optimiser le coût du transport des patients. En 2020, quatre ARS (Auvergne–Rhône-Alpes, Occitanie, Provence–Alpes-Côte d'Azur, Mayotte) commandent une analyse de la situation financière de leurs établissements.

Lorsqu'on regarde dans le rétroviseur, on se rend compte qu'entre 2008 et 2018, les hôpitaux ont augmenté leurs actes de 15 %. Dans le même temps, la

Sécurité sociale a réduit de 7 % leur remboursement. Pris dans un effet de ciseaux mortifère, il a fallu rogner sur tout. C'est ainsi que la doctrine du *Lean Management* est devenue la norme. Dans une brochure datant de la fin des années 2000, Capgemini vante déjà les mérites de cette méthode d'amaigrissement « mise en œuvre dans des hôpitaux publics en Suède, au Royaume-Uni et aux Pays-Bas ». Cela consiste, explique Capgemini, à « traquer systématiquement toutes les tâches sans valeur ajoutée » et à « introduire des indicateurs de qualité comme le délai d'admission pour subir une opération, le délai de prise en charge aux urgences, ou le nombre de jours d'attente entre la sortie prévue et la sortie réelle, etc. »

En 2009, Capgemini a ainsi appliqué le *Lean Management* aux services des urgences du CHU de Nancy. Ses équipes ont commencé par réaliser un diagnostic, puis elles ont animé sept ateliers Kaizen (recherches d'améliorations immédiates) avec les salariés de l'hôpital. Au bout de six mois, assure le cabinet, les temps d'attente aux urgences avaient chuté de plus de 25 %. Révolutionnaire !

Seulement, derrière ces chiffres miraculeux, disent les experts, il faut tenir compte de la fatigue des équipes, de leur découragement et des effets à long terme. « Ce qui est vrai dans l'industrie ne l'est pas forcément en médecine. Par exemple, ce n'est pas parce qu'un médecin pratique beaucoup d'opérations qu'il est forcément meilleur », souligne le chercheur Frédéric

Pierru. Diagnostic confirmé par le professeur André Grimaldi, fondateur du Collectif Inter-Hôpitaux et auteur du *Manifeste pour la santé 2022*[36] : « On a organisé les soins comme des chaînes de production. Au nom de la polyvalence et de la mobilité, les infirmières n'appartiennent plus à une équipe, mais à un pôle. Elles changent tous les jours de planning et d'affectation. L'application des 35 heures sans discernement a encore aggravé la situation : on a bloqué les salaires et précarisé le travail des soignants. Résultat, quand on n'a plus de suivi des malades, on a aussi une perte de sens au travail. Le maître-mot à l'hôpital aujourd'hui, c'est : pas de stock, du flux. Mais les infirmières ont envie qu'on leur parle de dévouement, pas de travailler à flux tendu. »

Après le *Lean Management*, les cabinets ont fait la promotion de la « chirurgie ambulatoire ». Ou comment la sortie du patient le soir même de son intervention permet de supprimer autant de lits... Puis, il y a eu la recherche de « l'optimisation de l'accueil des patients » : ou comment d'apparents critères de qualité (améliorer la qualité de l'accueil) cachent de simples recherches d'économies (y consacrer moins d'énergie). En novembre 2019, la demande était tellement forte que le groupement Resah a passé un accord-cadre de 40 millions d'euros avec plusieurs grands cabinets (KPMG, Ernst & Young, Mazars, etc.) sur ce seul sujet.

Autre martingale vendue par les cabinets : les fusions de blocs opératoires, et plus encore, des hôpitaux, afin de mutualiser les ressources et de dégager des synergies, appelées officiellement « des marges de manœuvre ». Pourtant, l'Inspection générale des affaires sociales (IGAS) a alerté dès mars 2012 sur les effets néfastes de cette course à la taille : « Au-delà d'un seuil situé entre 600 ou 900 lits de court séjour, la grande taille présente pour l'hôpital plus d'inconvénients que d'avantages », affirme l'IGAS. Malgré ces alarmes, le projet d'Hôpital Grand Paris Nord, issu du rapprochement des hôpitaux Beaujon et Bichat, qui doit ouvrir en 2025, prévoit près de 816 lits d'hospitalisation et 173 places de médecine, soit une réduction de 30 % des lits par rapport à la situation antérieure, mais un doublement des capacités en ambulatoire.

Une dégradation de la qualité des soins

Conséquence de cette politique, entre 2000 et 2020, la France a perdu 80 000 lits d'hospitalisation, selon un décompte réalisé par la radio France Info sur la base des données de la Direction de la recherche, des études, de l'évaluation et des statistiques (DREES). En parallèle, la France a été rétrogradée de la première à la troisième place du palmarès des systèmes de soins de l'Organisation mondiale de la santé, et même à la onzième place en prenant en compte les dépenses publiques de santé en euros par habitant. À la rentrée 2021, 20 % des lits d'hospitalisation ne pouvaient être utilisés faute de personnel, s'est alarmé le président du Conseil scientifique, Jean-François Delfraissy, auprès du gouvernement. Épuisés, mal payés, peu considérés, les soignants fuient l'hôpital...

«Tous ces brillants conseils ont abouti à un résultat catastrophique. Avec la crise, on a réalisé qu'on aurait mieux fait d'embaucher des médecins et de bien les payer, plutôt que d'embaucher du personnel administratif pour appliquer les consignes des cabinets de consultants», dénonce Claude Revel, l'ancienne déléguée interministérielle à l'intelligence économique. Bilan : on dénombre aujourd'hui à l'hôpital plus de personnels administratifs que de médecins, et 30 % de plus qu'en Allemagne. «On a créé des tas d'échelons intermédiaires (l'unité, le pôle, le groupe hospitalier) qui ont chacun leurs tableaux Excel pour suivre de soi-disant indicateurs de qualité. Mais les tableaux donnent une vision virtuelle de l'hôpital, pas une vision réelle», constate de son côté le professeur André Grimaldi, qui s'inquiète encore plus pour l'avenir : «Cette organisation en chaîne de production a fini par dégrader la qualité des soins, en poussant les médecins à délaisser ce qui ne peut pas être valorisé par des indicateurs. Des études le montrent aux États-Unis. Certains établissements avaient pris la ré-hospitalisation dans le mois suivant l'admission comme indicateur. Si le patient ne revenait pas, c'est qu'il avait été bien soigné. Et de ce point de vue, la réforme semblait avoir marché. Mais quand on a regardé le taux de mortalité, celui-ci avait augmenté ! Pour ne pas dégrader leurs statistiques, les médecins avaient préféré renvoyer des patients chez eux plutôt que de les réhospitaliser… »

Le chercheur Nicolas Belorgey est arrivé au même constat en France après avoir réalisé une étude sur les temps d'attente aux urgences, l'un des arguments de vente préférés de McKinsey[37]. Le cabinet promet aux directions des hôpitaux une réduction de 30 % à 40 %. « J'ai eu accès à des données confidentielles et j'ai comparé les taux d'attente et les taux de retour aux urgences. Il s'est avéré que moins on passait de temps avec les patients, plus nombreux ils revenaient ensuite dans le service. Pour réduire les taux d'attente, les soignants repoussaient à plus tard les cas les plus graves, ceux qui allaient leur demander le plus de temps. Ce qui était vendu comme un indicateur de qualité était en fait un indicateur de productivité », raconte le sociologue.

Les études s'accumulent, mais rien ne semble pouvoir enrayer le processus. Depuis leur premier projet de *Lean Management* lancé en 2009, les Hospices civils de Lyon, deuxième plus grand CHU de France, ont appelé à leur chevet les plus grands noms du conseil : McKinsey, Roland Berger, Kurt Salmon, Eurogroup, Capgemini, KPMG... pour un total de 11,5 millions d'euros. En 2018, une grève des urgences jette une lumière crue sur les conséquences : absentéisme de 8 %, hausse exponentielle des accidents du travail, personnels non remplacés pendant les congés, augmentation du nombre de travailleurs précaires, manque de draps, de chemises, de couvertures, de tout. Le fleuron hospitalier français – première greffe mondiale de la main en 1998, double greffe de bras en 2017 – est à bout. En revanche, les critères financiers sont au beau fixe : bénéfice et taux d'occupation des lits records selon un rapport de la chambre régionale des comptes de 2017. Mais à quel prix humain et médical ?[38]

Même recours systématique aux très chers consultants à Marseille. Fin 2018, l'Assistance publique-Hôpitaux de Marseille (AP-HM), accablée par 1 milliard de dettes, signe un gros contrat de conseil – 9,4 millions d'euros – avec deux cabinets, le français Eurogroup et McKinsey. « On a vu débarquer des dizaines de jeunes gens sortis de grandes écoles qui ont organisé des réunions de brainstorming avec pléthore de Post-it », témoigne, amer, un chef de service. « On avait l'impression qu'ils arrivaient avec leurs idées toutes faites. Rien que leur benchmarking, leur étude de marché : ils nous comparaient avec des établissements qui n'avaient rien à voir. À la fin, McKinsey a présenté un grand plan de transformation avec 37 chantiers et 200 projets sous forme d'un arbre avec plein de branches pour faire joli. Mais la mise en œuvre s'est révélée très compliquée. Peu d'actions ont vraiment démarré, tout le monde est passé à autre chose. » La direction semble pourtant satisfaite du résultat. Elle nous a fait savoir que le cabinet américain avait pu réaliser un « diagnostic à 360° » qui promet « 246 millions d'euros de gains potentiels à l'horizon 2025 »...

Pour le professeur Grimaldi, c'est tout simplement l'existence du service public hospitalier qui est en jeu. « Il y a vingt ans, on nous a dit : on va vous mettre en concurrence avec les cliniques, il va vous falloir gagner des parts de marché. Mais c'est ridicule, de quoi parle-t-on ? Moi, je n'ai pas de marché mais des malades… Ce qui se cache derrière tout ça, c'est une privatisation rampante des hôpitaux. L'État ne veut plus nous piloter en direct. Donc soit il privatise, soit il délègue à des établissements qui doivent être gérés comme des entreprises privées. À terme, c'est la possibilité de mettre en faillite les hôpitaux et de les vendre au privé, comme cela a déjà été le cas pour un tiers des établissements allemands ».

À l'issue du Ségur de la Santé, au printemps 2020, Emmanuel Macron et Édouard Philippe ont juré que la période de vaches maigres était terminée. Mais les promesses survivront-elles à l'après-Covid, quand le sujet de la dette reviendra sur le devant de l'actualité ? En attendant des jours meilleurs, l'hôpital concentre tous les effets pervers du consulting : promesses d'économies à court terme, mais apparition de surcoûts à long terme (surcroît de personnels administratifs, absentéisme, etc.) qui fragilisent le service public et constituent autant d'opportunités pour le secteur privé.

Ainsi, la dernière mode vendue aux hôpitaux est le développement de la conciergerie : des services que les patients sont prêts à payer pour améliorer leur confort, comme un supplément pour une chambre individuelle, le pressing, les journaux… Le leader en pleine expansion de cette nouvelle activité s'appelle Happytal. En pleine pandémie, il a signé un accord avec les hôpitaux de Paris, l'AP-HP, pour proposer ses services aux personnels soignants (garde d'enfants, etc.). Et devinez qui a créé Happytal ? Deux anciens de McKinsey.

Chapitre 8

Des consultants cinq étoiles

En mars 2018, l'information n'a pas fait les gros titres. Et pourtant... Ce printemps-là, Pierre de Villiers[39], l'inflexible général qui, huit mois plus tôt, a dit non à Emmanuel Macron et démissionné – du jamais vu depuis un demi-siècle ! – de son poste de chef d'État-Major des armées pour protester contre la nouvelle cure d'austérité imposée aux militaires, le chantre apparemment intraitable de l'indépendance, l'apôtre de la souveraineté nationale intègre... un cabinet privé américain. Après avoir assuré, depuis 2014, le commandement de toutes les opérations extérieures de la France, le voilà qui devient *senior advisor* au sein de l'un des plus grands groupes de conseil du monde, le Boston Consulting Group. L'histoire confine à la parodie, sinon à la caricature.

Jusque-là, aucun CEMA (chef d'État-Major des armées, le plus haut grade militaire français) n'avait franchi pareil Rubicon. Les prédécesseurs de Pierre de Villiers, lorsqu'ils se sont recasés après leurs adieux aux armes, se sont reconvertis dans des sociétés contrôlées par l'État ou ont opté pour des fonctions diplomatiques ou honorifiques. Aucun n'est allé travailler dans une entreprise étrangère. Et ce transfert inédit fait jaser en coulisses. Beaucoup d'hiérarques manquent d'avaler leur képi quand ils apprennent, comme le résume abruptement l'un d'eux, que « Villiers s'est taillé chez les Ricains ». D'autant que le général, qui a pris la plume quelques mois à peine après sa fracassante démission et enchaîne les conférences au rythme d'une quarantaine par an, donne partout des leçons. « Les militaires, martèle-t-il à l'écrit comme à l'oral, ne sont pas au service d'une personne, ni d'une entreprise, ni d'un parti… Ils sont au service d'un pays, la France ».

Devant les lecteurs qui se bousculent et les fans qui l'imaginent en candidat à la présidentielle, Pierre Le Jolis de Villiers de Saintignon (son nom complet), frère de Philippe – le vicomte souverainiste du Puy-du-Fou passé à l'extrême droite –, prend un engagement solennel : « Continuer à servir le pays autrement. » *Servir*, comme le titre de son premier best-seller, vendu à près de 150 000 exemplaires. « Autrement », c'est-à-dire avec son job de *senior advisor*, soit en bon français « conseiller principal » ?

Le Boston Consulting Group le paie 5 000 euros chacune de ses demi-journées de travail, à raison d'un jour de présence en moyenne par semaine. Le général y restera près de trois ans, jusqu'en février 2021. Auparavant, pour désamorcer les critiques sur son virage à 180°, et prenant conseil auprès de la directrice de l'agence en communication Les Rois Mages, Claudine Pons, il plaide sa cause en accordant des interviews dans la presse généraliste ou professionnelle.

En avril 2019, sur le site spécialisé Consultor, il explique que son changement d'orientation professionnelle a été validé par la commission de déontologie et qu'il ne « traite avec aucun groupe lié à la défense ». Ajoutant, toutefois, qu'il « intervient au BCG sur le contexte géopolitique d'un monde qui n'est ni en paix ni en guerre, sur la menace djihadiste, sur le changement climatique ou la migration massive ». C'est François Dalens, le *managing director* du groupe à Paris, qui est venu le chercher, à la suite, glisse encore Pierre de Villiers, « d'une rencontre fortuite via une relation commune ». Cet HEC formé chez Procter & Gamble, précise encore le général, « est un patriote » qui « aime l'armée », comme lui. Pourtant, fait remarquer l'intervieweur, « les consultants en stratégie ne sont pas nécessairement connus pour leur humanisme quand il leur incombe de trancher de douloureux dilemmes d'entreprise. » Peut-être, mais au BCG, rétorque le *senior advisor*, il a « découvert » non pas « une armée de clones chargée de faire du *business plan* au kilomètre » mais « des personnes très humaines ». L'intervieweur insiste : « Depuis les débuts du quinquennat de Nicolas Sarkozy, les cabinets de conseil sont sollicités par les administrations publiques pour se réformer. Cela vous semble-t-il aller dans le bon sens ? »

C'est là que le Cinq-Étoiles laisse échapper quelques intéressantes confidences : « Entre 2008 et 2015, l'armée a supprimé 50 000 postes de fonctionnaires, c'est-à-dire 60 % du total de la suppression des postes de fonctionnaires au sein des services de l'État. » Rappelons qu'à cette époque, Pierre de Villiers est aux manettes, dirigeant le cabinet militaire du Premier ministre François Fillon jusqu'en 2010, puis promu major général des armées, deuxième grade militaire le plus élevé après celui de CEMA, fonction à laquelle il accède en 2014 sous François Hollande. « 50 000 postes, ce n'est pas rien », poursuit l'interviewé qui, dans la foulée, confesse : « Je me suis fait aider par des experts venus de l'extérieur, car il est par instant indispensable d'avoir un regard neuf. Parfois, vis-à-vis de sa propre organisation, on n'a pas toujours les capacités sur l'art et la manière de la faire évoluer au mieux. Ce regard extérieur est nécessaire pour l'État, pour les entreprises et les grands groupes. »

Ainsi, l'ex-CEMA qui a claqué la porte avec un tonitruant communiqué sur le manque de moyens alloués aux militaires (« Je considère ne plus être en mesure d'assurer la pérennité du modèle d'armée auquel je crois pour garantir la protection de la France et des Français »), qui pour justifier sa démission n'a eu de cesse de pester contre les « enfumages » comptables, qui dès 2016 a réclamé publiquement une hausse des budgets, se pose soudain en défenseur de cabinets de conseil – lesquels ont, tout au long de ces quinze dernières années, anticipé, pensé, programmé puis accompagné la « modernisation » de l'armée. C'est-à-dire la réduction de ses effectifs, corrélée, comme dans une ronde infernale, à la présence accrue des consultants.

Implacable mouvement de balancier. Plus le ministère de la Défense a été dépossédé de moyens humains en interne, plus il est devenu consommateur (l'un des plus gros au sein de l'État) de prestataires externes. Le desserrage de vis budgétaire depuis 2020 n'y a rien changé. Désormais, l'externalisation des services tient lieu de doctrine. Le ministère des Armées se fait systématiquement assister pour son informatisation, le transport de ses troupes, le gardiennage de ses unités, ses analyses prospectives et même ses sacro-saintes conceptions stratégiques. Mieux, en matière de consulting, la Défense échappe au contrôle de la DITP, la Direction interministérielle de la transformation publique, censée autoriser tout marché avec un cabinet de conseil au-delà de 10 millions d'euros. Seul Bercy bénéficie d'un tel privilège.

Cette sorte de passe-droit a, en février 2018, permis aux militaires de conclure, en toute autonomie, un méga accord-cadre de 87 millions d'euros portant sur « la définition de la stratégie dans le cadre de la transformation du ministère, le pilotage de projets, l'accompagnement de la conduite du changement, le conseil en gestion financière ou en relations humaines ». Un marché divisé en 11 lots et que se sont partagé 15 entreprises de consultants, dont les incontournables anglo-saxons

McKinsey, Accenture, KPMG, ou Ernst & Young qui, par voie de conséquence, ont accès à des informations ultra confidentielles sur l'organisation de l'armée française ou d'autres entités tout aussi sensibles. Car l'accord-cadre concerne également la Direction générale de la sécurité extérieure (DGSE), le contre-espionnage français ou la DRSD, le renseignement militaire. À l'automne 2021, un marché identique pour un montant de 50 millions d'euros était sur le point d'être bouclé.

Le directeur de campagne d'Éric Zemmour

Au ministère de la Défense, l'argent semble couler à flot, au moins pour les consultants. Et les sociétés spécialisées en stratégie se livrent une concurrence féroce pour être les mieux placées dans la course aux contrats. C'est à qui débauchera les plus d'*insiders* à la retraite, qu'ils soient étoilés ou anciens hauts fonctionnaires spécialisés dans l'armement. Le puissant cabinet américain Oliver Wyman a, par exemple, décroché Vincent de Crayencour, ex-cador du ministère de l'Intérieur, puis de la Défense, et ex-directeur financier chez Thalès.

Le cabinet Roland Berger, lui aussi de taille mondiale, a su convaincre le général Bertrand de La Chesnais, qui a débuté dans les commandos parachutistes, mais a passé l'essentiel de sa carrière dans la gestion des effectifs. Un CV alléchant pour qui veut candidater au grand marché de la défense. Directeur général du «pilotage de la transformation des armées» de 2009 à 2014, le général de La Chesnais a été en charge – comme il le précise sur sa page LinkedIn – «de la mise en œuvre des décisions de déflation de 2008 et du plan général de restructuration». Il est devenu par la suite numéro deux de l'Armée de terre. À la retraite en 2018, il a aussitôt fondé sa propre entreprise de consulting, non sans faire un petit tour en politique (candidat aux élections municipales de Carpentras avec le soutien du Rassemblement National, il devient à l'automne 2021, le directeur de campagne d'Éric Zemmour). Le tout en intégrant le cabinet Roland Berger.

Précieux aussi pour les cabinets de conseil le parcours d'Agnès Audier, ingénieure du corps des mines et ancienne directrice de cabinet de Jean-Pierre Raffarin. Le Boston Consulting Group l'a accueillie en 2007, au titre de *senior advisor* (comme Pierre de Villiers). L'ingénieure Audier fait par ailleurs partie des quinze membres du Conseil général de l'armement, un organisme dépendant de la Défense chargé, comme son nom l'indique, de «donner des avis sur les questions relatives à l'armement» et donc sur les équipements des «corps militaires». En sachant que le Boston Consulting Group est un des cabinets de conseil privilégié par la société Thalès, spécialisée dans la fourniture de matériel électronique pour l'aérospatiale et l'armée...

Dans l'univers du consulting, les frontières s'effacent. Vive le «partage des compétences» et la «circulation des informations». Et vive aussi les médailles. Ainsi le cabinet Mars Analogies, qui veut convertir les cadres du privé aux vertus de l'esprit militaire, et qui s'est donné pour devise de « mettre l'opérationnel au service de l'entreprise », affichait en 2020 le plus beau taux de galonnés de tout le secteur : parmi ses troupes, pas moins de neuf généraux inscrits en deuxième section (c'est-à-dire « en réserve » et susceptibles être rappelés en cas de besoin), une bonne demi-douzaine de colonels, ainsi qu'un lieutenant.

La société de conseil Amarante

La consultomania atteint aussi les agents de renseignement revenus dans le civil. À commencer par celui qui fut, jusqu'en 2017, le premier d'entre eux : Bernard Bajolet, l'ancien patron de la DGSE. Cet arabisant, expert du Maghreb et du Moyen-Orient et, pendant dix ans, l'un des principaux artisans de la sécurité extérieure de la France, n'a pas eu besoin de chasseurs de tête pour se reconvertir dans le consulting. Pourtant lorsqu'il dirigeait le renseignement, les sociétés privées ne semblaient pas être sa tasse de thé, surtout quand il s'agissait de gérer ce que l'on appelle « les crises d'otages ».

Bernard Bajolet en a géré plusieurs. Mais l'une l'a particulièrement marqué : celle des Français employés par Areva et Vinci, enlevés au Sahel par AQMI (Al-Qaïda au Maghreb Islamique), puis délivrés le 30 octobre 2013. Sauf que dès le lendemain de cet *happy end*, Bernard Bajolet enrage à la lecture du *Monde*. Il y lit que cette heureuse issue doit moins à la DGSE qu'à la société Amarante et à son fondateur, un ancien de la « maison », Pierre-Antoine Lorenzi, qui, révèle le quotidien, a mené les « négociations financières avec les ravisseurs ». Selon *Le Monde* toujours, cette mission parallèle a été validée par le ministre de la Défense, Jean-Yves Le Drian. Grosse colère de Bernard Bajolet. « Amarante, fait-il immédiatement savoir, ce sont des parasites, ils ont été contreproductifs ». Pourquoi ce coup de gueule ? Ce ne serait pas la première fois que la France aurait utilisé des intermédiaires ou versé des commissions pour récupérer des ressortissants kidnappés. Peut-être, mais qu'une boîte de sécurité se pousse du col en se vantant d'avoir été plus efficace que les services de l'État, cela ne se fait pas. La France n'est pas l'Amérique du Sud, où l'exfiltration d'otages est devenue un véritable business. Ni les États-Unis, où les mercenaires ont pignon sur rue. « La gestion de ce type de crise doit rester du ressort de l'État, et je vous confirme qu'Amarante n'avait rien fait », nous confie encore en décembre 2021 Bernard Bajolet.

Ce qui n'empêchait pas Pierre-Antoine Lorenzi de trompeter en 2013 dans *Challenges* : « J'ai réglé un problème que personne n'arrivait à régler. Alors quand j'entends que mon rôle a été parasitaire, je le prends très mal. » Il assurait avoir agi à la demande du gouvernement en fournissant « des points d'appui et des relais ». À l'époque, en effet, Amarante s'est déjà positionnée sur le créneau du « *kidnap & ransom* », pour le compte d'entreprises installées dans des zones à risque et des compagnies qui assurent les employés expatriés menacés d'enlèvement. Avec ses 180 salariés, dont une bonne quarantaine d'ex-agents de la DGSE, la société a aussi poussé ses pions dans la sécurisation d'escales aéroportuaires pour Air France en Afrique, au Moyen-Orient, au Maghreb, la surveillance de sites pétroliers ou industriels. Parmi ses clients : Total, Sanofi, Novartis... mais aussi des organismes publics tels le Centre national d'études spatiales ou le ministère des Affaires étrangères...

Est-ce cette montée en puissance qui agace Bernard Bajolet en 2013 ? Quoi qu'il en soit, huit ans plus tard, lorsqu'il quitte la DGSE, le «parasitage» d'Amarante semble être un lointain souvenir. Et aujourd'hui, son portrait s'affiche en grand sur le site de la société aux côtés d'Alexandre Hollander, le nouveau président de l'entreprise. Bernard Bajolet siège au comité d'orientation stratégique d'Amarante, en compagnie d'un autre grand nom de la sécurité, Gilles Leclair, qui fut patron de l'Unité de coordination de la lutte anti-terroriste, mais aussi préfet de police en Corse et à Marseille. L'ancien coordonnateur du renseignement a donc opéré un virage à 180°. «Je me suis moi-même posé quelques questions, nous confesse-t-il, mais le président d'Amarante a changé, et les méthodes de travail du privé ont aussi du bon.» En février 2021, la direction de la société privée s'est en tout cas félicitée dans un communiqué triomphal de l'arrivée de ces anciens très hauts fonctionnaires : « Notre comité d'orientation stratégique est annonciateur de rapprochements avec l'autorité publique. »

Amarante, devenue depuis peu Amarante International, a remporté récemment plusieurs marchés auprès d'opérateurs d'État. Un contrat de formation à la sécurité avec Aéroports de Paris, la protection d'Agences françaises de développement situées dans des territoires dangereux et un important contrat « gestion de projets sûreté et sécurité » avec la Banque de France. Les coffres-forts de l'État sous la surveillance d'une société privée ? Un choix qui aurait été impensable, il y a encore quelques années, tout autant que cet autre grignotage des prérogatives régaliennes : en décembre 2020, Amarante a été chargée, par le ministère de la Défense, de rédiger « une note de prospective » sur la situation géopolitique dans le « golfe Arabo-Persique ».

Et oui, ce ministère délègue aussi une partie de ses analyses stratégiques. Pour la seule année 2021, sa Direction générale de la recherche internationale et de la stratégie a prévu d'externaliser quinze études, notamment sur « la sécurité maritime en Afrique », « la base aérienne du futur », ou encore la réalisation d'un « observatoire de l'armement ». Ces contrats, confiés à des instituts de recherche (par exemple l'IFRI, l'Institut français des relations internationales), peuvent aussi tomber dans l'escarcelle de sociétés de consultants, telles Amarante ou encore Aesma, un cabinet de conseil en « management des risques à l'international » mandaté, en décembre 2020, pour analyser « le parti Al-Islah et l'armée yéménite. »

Le transport des troupes assuré par des sociétés russes

La multiplication des consultants dans la défense n'est que le symptôme d'une transformation qui passe le plus souvent sous les radars du grand public : l'armée, comme d'autres secteurs jadis étroitement contrôlés par l'État, se privatise. Après la fin de la guerre froide et la disparition d'une menace immédiate, la France a, année après année et comme d'autres pays occidentaux, drastiquement réduit le format de ses forces militaires. De 1960 à 2020, les budgets afférents ont été divisés par trois. Et les effectifs de l'Armée de terre par dix, passant de 1 million à 100 000 hommes. Ce changement de paradigme a contribué à l'émergence d'un immense marché privé de la sécurité et permis un recours massif à l'achat de services. La Cour des comptes a calculé que, dans le cadre des opérations extérieures, les dépenses d'externalisation sont passées de 15,7 millions en 2006 à 160 millions en 2008, pour atteindre plus de 200 millions par an entre 2014 et 2017.

Qui sait que l'armée française, lorsqu'elle est en opération en dehors de son territoire, comme au Mali, paie des prestataires pour assurer la maintenance de ses appareils, former ses pilotes d'hélicoptère et organiser le transport de ses troupes ? Dans une note établie en 2020 pour la Fondation pour la recherche stratégique, l'expert en géopolitique Jonathan Jay Mourtont signale que « dans le domaine du transport aérien stratégique, l'armée s'est appuyée sur des sociétés russes et ukrainiennes. Les contrats n'ayant pas été renouvelés, l'armée ne possède donc plus de possibilité de transport lourd. Par conséquent, ses capacités de projection se trouvent oblitérées ». Ce même document, commandé par le ministère de la Défense, annonce qu'à l'horizon 2035, « l'externalisation sera vraisemblablement une pratique normalisée qui s'imposera très largement dans le monde ».

Suivent écrites noir sur blanc, et presque sans fioritures, les conséquences de cette révolution : « Certains équipements incorporent des dispositifs de nature à améliorer ou augmenter les capacités des combattants. Ces dispositifs tirant parti des bio-technologies et de la miniaturisation peuvent être plus facilement et/ou plus rapidement acquis par des sociétés privées que par l'État, du fait des problèmes éthiques inhérents à leur mise en service. Parallèlement, l'éventuelle robotisation de forces privées peut, pour des raisons similaires de coût et d'éthique, s'avérer plus rapide et complète qu'au sein des armées. Enfin l'autonomie concédée aux robots peut s'avérer moins problématique (ou plus facile à gérer) dans le cadre d'une mise en œuvre industrielle. » Finis les problèmes « éthiques » ? Terminés les casse-tête budgétaires ? Attention, prévient toutefois la note, « l'avenir peut être marqué par le développement d'unités privées mieux équipées et formées que les forces régaliennes, ce qui créerait pour l'Armée de terre une situation d'asymétrie à son désavantage.»

Dans l'univers du renseignement, les services de l'État tiennent encore le haut du pavé. Pour combien de temps ? Déjà, en 1983, l'opération Manta (le déploiement par l'armée tricolore d'une ligne de dissuasion autour du 16e parallèle à la suite de l'invasion du Tchad par les Libyens) avait été préparée par une trentaine de mercenaires formés par des opérateurs du Service Action de la DGSE. Aujourd'hui, révèle le chercheur Jonathan Jay Mourtont, «la DGSE et la DRM (Direction du renseignement militaire) emploient régulièrement des entreprises privées, notamment pour des vols de reconnaissance ou de surveillance. Ils offrent de la discrétion en apparence (appareils banalisés), de même qu'une flexibilité en fonction des missions, ou des besoins». Et l'expert d'avertir encore : «Ce choix d'un prestataire privé présente des vulnérabilités, notamment au sabotage, qu'ils s'agissent des réseaux ou des infrastructures. Une attaque cyber permettrait d'obtenir les plans de vol, les types de missions, ou encore des informations sur les personnels.»

Ce type de mercenariat demeure malgré tout limité. Jusqu'à présent, les sociétés hexagonales de sécurité se contentent, dans la majorité des cas, de fournir un support logistique, de l'assistance dans les consulats, des services de protection pour les entreprises dans les zones à risque, ou encore, comme on l'a vu, de l'analyse prospective et du renseignement. Ces entreprises dites ESSD (Entreprises de services de sécurité et de défense), principalement au nombre de quatre (Amarante, Adit-Geos, Anticip-Risk and Co, et Erys), ont un chiffre d'affaires en perpétuelle progression (de quelques dizaines à une centaine de millions d'euros). Mais rien de comparable avec les monstres américains, tel Academi, héritier du célèbre Blackwater, la première armée privée au monde, forte de 22000 hommes. Très liée aux néoconservateurs américains, la société s'était illustrée par ses nombreux excès, notamment en Irak, où elle s'est vu reprocher 168 crimes ou délits. Ce qui ne l'a pas empêché d'empocher plus de 1,5 milliard de dollars en contrats gouvernementaux.

N'empêche, dans d'autres domaines autrefois dévolus à l'État, le ministère de la Défense se dépouille bien d'une part de ses compétences : la stratégie pour McKinsey, Roland Berger ou BCG, la gestion financière pour KPMG, Ernst & Young, ou Deloitte. La formation et surtout les prestations informatiques sont trustées par Atos, Capgemini, ou Sopra Steria. En la matière, le niveau de consulting atteint des records. Et connaît des ratés monumentaux.

Le logiciel fou Louvois

L'armée a encore en mémoire le « fiasco majeur », dixit la Cour des comptes, du système Louvois, que Jean-Yves Le Drian a lui aussi qualifié de « désastre » et que celle qui lui a succédé à la tête du ministère de la Défense, Florence Parly, a carrément traité de « logiciel fou ». Ce calculateur de paie a généré de colossaux cafouillages, accumulant les trop-perçus (106 millions d'euros), les moins-perçus (35 millions + 117 millions de contentieux antérieurs) et des frais de gestion de dysfonctionnements aux allures de gouffre (entre 150 millions et 200 millions par an).

Pour concevoir cette « folie », c'est pourtant un cabinet reconnu, la société Sopra, qui est recruté en 2007. Mais la paie des militaires, qui varie en fonction de la nature des missions, avec un système de 174 primes et indemnités, donne du fil à retordre au prestataire. « L'architecture interne du calculateur », dixit toujours la Cour des comptes, s'avère tout sauf « robuste » et « sa maintenance délicate ». Le projet est donc repris en interne. Sauf que l'État cherchant à faire des économies – plus de 750 postes sont supprimés au service de la paie des armées –, le désastre s'amplifie, avant que Louvois ne soit abandonné et remplacé par Source Solde. Qui remporte ce nouveau contrat de 130 millions d'euros sur dix ans après l'échec de Sopra ? Sopra Steria[40] ! La même société qui a travaillé sur le premier logiciel mais qui, entre-temps, a fusionné avec son conçurent Steria.

Ces ratages et situations ubuesques ne détournent pas l'administration militaire de continuer à externaliser son informatique. En septembre 2021, la Défense a encore acheté pour un demi-milliard d'euros un catalogue de logiciels, baptisé Ouranos 3. C'est la Direction interarmées des réseaux d'infrastructure et des systèmes d'information, tour de contrôle de l'informatique militaire, qui mène, disent plusieurs chercheurs, cette externalisation à marche forcée, souvent très mal vécue en interne.

En 2020, le sociologue Hadrien Clouet en a examiné les conséquences sur les « réparateurs de l'armée ». Issus des trois corps (marine, aviation, terre) et présents sur l'ensemble des bases militaires, ces experts des télécommunications, au nombre de 7000, installent tous les systèmes d'information de la Défense, dont ils assurent aussi la maintenance. Un rôle primordial. Pourtant, en trente ans, plus de la moitié des effectifs a été supprimée tandis que les besoins informatiques s'accroissent toujours davantage, et une partie des activités préalablement accomplies par ces techniciens a été transférée à des acteurs privés.

« Le terme d'externalisation étant très impopulaire, cette orientation a été baptisée le "faire faire" », note le sociologue[41]. Ce terme figure en effet tel quel dans le projet de loi de finances 2020, comme nous avons pu le constater. Au chapitre « plan de transformation », il est stipulé que compte tenu d'un « sous-effectif dans le domaine des SIC (Spécialistes des réseaux informatiques et sécurité), deux pistes complémentaires doivent être suivies : 1) Automatiser, c'est-à-dire remplacer une action humaine par une action réalisée automatiquement par un programme informatique. 2) Faire faire, c'est-à-dire remplacer une action d'un personnel de l'administration par une action d'un prestataire privé.» Le «faire faire» devant combler 65% des tâches autrefois remplies par les militaires. À aucun moment, dans ce document, il n'est envisagé une troisième hypothèse : recruter de nouveaux experts. Ce qui coûterait pourtant moins cher.

D'autant que ce que racontent les 99 techniciens des 9 bases de défense interrogés par Hadrien Clouet est édifiant. Alors qu'ils ont été formés pour manipuler des lignes téléphoniques, des câbles, des postes informatiques et des logiciels, beaucoup se disent confinés désormais à des tâches de gardiens. Étant les seuls qualifiés pour «évaluer la conformité des interventions privées au cahier des charges : le logiciel est-il fonctionnel? Le circuit est-il bien réparé?», ils doivent «constamment surveiller le travail des intervenants externes, que les règles de confidentialité de la Défense nationale interdisent de laisser seuls sur site». Ce gardiennage les oblige à remplir des dossiers d'habilitation toute la journée ou à corriger les formulaires au fur et à mesure que les sous-traitants changent leur programme d'intervention. Beaucoup de ces techniciens militaires n'ont plus qu'une envie : se replier eux aussi sur le privé.

Conclusion du sociologue : «L'externalisation se solde par des départs réguliers de personnel public vers Thalès et Opale. Leur absence de diplôme permet de les rémunérer en proportion. Ensuite, le passage par l'armée limite la syndicalisation ou le risque de grève, interdits chez les militaires. Les employeurs de télécommunications gagnent sur deux volets : en sus de l'acquisition de marchés publics de maintenance ou de réparation, ils récupèrent des personnels en rupture avec l'institution... à cause de leur propre intervention.»

Aujourd'hui, les grands cabinets de consultants sont convaincus que l'externalisation n'en est qu'à ses débuts et que la France suivra inéluctablement l'exemple des États-Unis ou du Royaume-Uni. Certains prédisent pour bientôt la création de sociétés militaires privées. Des voix commencent cependant à s'élever. Le général François Lecointre, qui a remplacé Pierre de Villiers au poste de chef d'État-Major des armées, n'a pas mâché ses mots, le 23 avril 2020, lors de son audition, au Sénat, devant la commission des affaires étrangères, de la défense et des forces armées : «Les précédentes lois de programmation militaire et la révision générale des politiques publiques (RGPP) ont conduit à privilégier le management sur le commandement, l'efficience sur l'efficacité, la logique de flux sur celle de stock. Elles nous ont affaiblis et ont bridé notre réactivité, en allant à l'encontre de la singularité militaire. Aujourd'hui, ces faiblesses se trouvent cruellement mises en évidence par la crise sanitaire : je pense à l'externalisation d'un certain nombre de fonctions, à la délocalisation de fonctions vitales, ainsi qu'au manque de réserves opérationnelles.». Lors de la guerre en Bosnie, le général Lecointre mena le dernier combat de l'armée française « baïonnette au canon ». Emmanuel Macron a dit de lui qu'il était un « héros ». D'un autre temps ?

Chapitre 9

Justice et police menottées

Éric Dupont-Moretti exècre l'École nationale de la magistrature (ENM). Et il ne s'en est jamais caché. En 2018, avant de devenir garde des Sceaux, il se prononçait déjà pour sa « suppression » pure et simple, dans l'un de ses livres, *Le Dictionnaire de ma vie*. Il comparait l'ENM à une institution « qui encastre les jeunes gens dans un moule dont ils ne sortiront jamais » et ses étudiants à « des adolescents boutonneux aux idéologies réductrices et aux raisonnements formatés ». Si, en juillet 2020, alors qu'il vient tout juste de rentrer au gouvernement, il renonce finalement à fermer l'école, il s'empresse cependant d'y faire le ménage. Dès septembre, il nomme à sa tête une avocate, Nathalie Roret, pour la première fois dans l'histoire de l'ENM. Sa feuille de route : « Ouvrir en grand » l'institution. L'ex-vice bâtonnière du barreau de Paris va immédiatement s'y employer.

En décembre, Nathalie Roret commande un audit, mais plutôt que de le confier à l'Inspection générale de la justice, elle recourt aux services de consultants pour plus de 100 000 euros. C'est ainsi que la société privée

Dual Conseil entreprend d'auditionner une quarantaine de magistrats afin de proposer des évolutions pour l'école. Il faut lire la brochure de présentation de Dual Conseil. Dans ce jargon qu'apprécient tant les experts en consulting, la société explique « accompagner les décideurs dans leur stratégie pour les aider à expliciter leur vision d'avenir et à mettre en œuvre leur transformation ». Difficile d'être plus flou. Son équipe dirigeante, composée principalement de normaliens et de chercheurs en sciences sociales, ne comporte à notre connaissance aucun magistrat. Qu'importe, le ministre comme la directrice de l'ENM préfèrent ce cabinet aux juristes chevronnés de l'Inspection des services.

Il est vrai qu'Éric Dupont-Moretti a toujours eu une piètre opinion des magistrats. «Je me méfie de leur corporatisme et de leur frilosité », affirmait-il avant de devenir leur patron. Bon prince, il reconnaissait qu'il y avait « de grands juges » pour ajouter aussitôt « le troupeau est petit ». Et quand on lui reprochait de vouloir les intimider dans les prétoires, avec sa grosse voix et ses saillies verbales, il rétorquait : «Je ne terrorise personne, sauf les cons ! » Rien d'étonnant si une fois nommé à la chancellerie, il a, en plus de bousculer leur formation en la mettant entre les mains de Dual Conseil, décidé de cornaquer les magistrats lorsque ceux-ci s'expriment dans les médias. Pour ce coaching, Éric Dupont-Moretti a aussi estimé judicieux de faire entrer dans la danse des prestataires extérieurs.

Ainsi, en juillet 2021, le ministère de la Justice a mis en concurrence une quinzaine d'entreprises, chacune se disputant un appel d'offres d'une valeur de 500 000 euros, pour un « accompagnement en communication en période de crise durant des périodes de soixante-douze heures ». De quoi s'agit-il ? Et de quelles crises est-il question ? « Des faits divers les plus médiatiques, répond la chancellerie. Les disparitions d'enfants, les féminicides, les accidents dramatiques ou bien les affaires terroristes. » Le garde des Sceaux en a assez de voir défiler sur les chaînes d'information en continu des procureurs ânonnant des communiqués depuis des tribunaux glauques et mal éclairés. Éric Dupont-Moretti voudrait « professionnaliser » leurs interventions publiques. Il en va, selon lui, de l'image de la justice. En février 2021, la création de postes de magistrats porte-parole dans chaque cour d'appel a été envisagée. Puis, le coût de cette mesure ayant été jugé trop élevé, l'idée a germé de s'en remettre au privé. Au grand dam de la plupart des magistrats, qui ne voient pas en quoi ce choix représente une économie (la première année sans aucun doute, mais à l'aune d'une décennie, certainement pas), et qui y décèlent surtout une troublante conception de la justice.

« Il est illusoire de penser communiquer sans connaître les détails d'une enquête en cours », dit par exemple Céline Parisot, la présidente de l'USM, l'Union syndicale des magistrats, l'organisation majoritaire dans la profession. Les consultants auront une « clause de confidentialité», rétorque le cabinet du ministre. Ce qui est loin de rassurer la magistrate : «Je ne crois pas souhaitable que la justice se calque sur le tempo médiatique imposé par BFM ou CNEWS.» Comment admettre, ajoute-t-elle, que «par temps de budget squelettique» pour l'institution (en dépit des récentes augmentations de crédit) la Direction de la communication du ministère, elle, «ne cesse de grossir»? Depuis janvier 2021, une soixantaine d'agents lui sont rattachés. L'image de la justice figure désormais au rang des priorités. Une manne pour les cabinets de consultants, appelés en renfort pour former les magistrats et piloter leur communication, mais aussi pour redéfinir leurs fonctions.

Justice prédictive et open data

Octobre 2021. Palais des congrès de Poitiers. Emmanuel Macron lance solennellement les États généraux de la justice. Le président en affiche le but : «Repenser l'organisation judiciaire dans son ensemble.» Il prescrit aussi une méthode : «Organiser des consultations et des rencontres avec des usagers dans toute la France.» Il fixe enfin un délai : «Quatre mois.». Cette initiative louable mais organisée dans la plus grande précipitation à l'orée d'une campagne présidentielle suscite aussitôt l'ire ou la perplexité de la profession. «Juste irréaliste», dénonce le Syndicat de la magistrature. «Le président ouvre tellement de portes qu'on ne voit pas les pistes à suivre», s'agace de son côté l'USM. Cela n'empêche pas les cabinets de consulting de se mettre au travail. Pas moins de quatre entreprises privées – Bluenove, Missions Publiques, Capgemini, et Tribe & Co – sont sur le coup (les deux premières ayant déjà contribué au Grand Débat voulu par Emmanuel Macron à la suite de la révolte des Gilets Jaunes). Le ministère de la Justice a refusé de nous dire à combien s'élevaient les factures du quatuor.

En novembre 2021 en tout cas, soit à peine un mois après l'annonce du chef de l'État à Poitiers, le schéma directeur des États généraux, suivi de très près par le secrétaire général de l'Élysée, Alexis Kohler lui-même, commence à se dessiner. Dans le questionnaire sur la procédure pénale qui est envoyé aux magistrats, le terme de « simplification » revient à 17 reprises. Il leur est ainsi demandé « s'il est souhaitable de développer la justice négociée en matière criminelle, notamment sous la forme d'un "plaider coupable" » – une procédure réservée jusqu'à ce jour au traitement de certains délits –, ou quelles réformes ils entrevoient grâce à « l'utilisation de la justice prédictive ou de l'*open data* ». C'est ce qu'on appelle le choc des cultures ! Aux yeux des magistrats, Éric Dupont-Moretti semble vouer un culte à la simplification. Il paraît tant désireux d'ouvrir l'institution à des prestataires extérieurs, qu'une bonne partie de la corporation voit poindre dans tous les projets du ministre une tentative de privatisation rampante de la justice.

En février 2021, la très sérieuse *Revue des juristes de Sciences Po* a consacré un numéro entier à cette problématique. L'un des contributeurs, Yves Benhamou, président de chambre à la cour d'appel d'Aix-en-Provence, écrit notamment : « Alors que triomphe partout une doxa néolibérale, l'État est systématiquement appelé à devenir un État minimal. Or, ce discours porté par les cabinets de consulting n'épargne pas les fonctions régaliennes, à l'instar de la justice et de la police, qu'on croyait enfermées dans un sanctuaire entièrement préservé. » Cette contamination s'est faite, selon le magistrat, à bas bruit et le mouvement de privatisation a des aspects multiformes, voire masqués.

« Depuis peu, note-t-il, les valeurs du marché sont devenues les valeurs de référence. Et, dans le monde judiciaire, certains vocables ont fait florès. On parle de gestion, de stock, de contrats, d'objectifs, d'audit, de taux de couverture, de pourcentage de dossiers sortis, de tableaux de bord, de ratios d'indicateurs de performance. » L'emploi de ce vocabulaire est le signe de la transformation en cours. Tous les magistrats le constatent : des fonctions judiciaires, surtout dans le domaine de la justice civile, sont en passe d'être totalement externalisées tandis que de nouveaux marchés s'ouvrent pour les cabinets de juristes ou d'avocats.

Le marché du droit au logement

Médiation, transaction, arbitrage. Le barreau attend depuis dix ans de pouvoir s'emparer pleinement de ces modes alternatifs de règlement des différends. Ces procédures sont presque monnaie courante outre-Atlantique pour les avocats, mais aussi pour des magistrats de tribunaux étatiques qui peuvent exercer dans le cadre d'arbitrages privés. « *To rent a judge* » (« louer un juge »), c'est l'expression consacrée. Les milieux économiques ont toujours raffolé de l'arbitrage, qui présente le triple avantage d'être simple, rapide, et surtout discret. Et le modèle américain a fini par s'exporter en France.

Dès mars 2019, Nicole Belloubet, la prédécesseuse d'Éric Dupont-Moretti à la chancellerie, affirme sa volonté « d'encourager la médiation ». La garde des Sceaux inaugure aussi, pour les conflits portant sur un différend privé ou commercial, l'arbitrage numérique, c'est-à-dire la possibilité pour des particuliers ou des entreprises de s'offrir, moyennant finances et via une plateforme sur Internet, l'assistance d'un arbitre privé. Dans un certain nombre de cas, la justice commerciale peut imposer d'en passer par cette étape avant d'accepter de traiter un dossier. Au début de l'année 2021, le ministère de la Justice est allé jusqu'à créer une sorte de label baptisé Certilis, supposé garantir les offres commerciales des dizaines de cabinets qui, s'engouffrant dans la brèche, vendent aujourd'hui leurs prestations en arbitrage ou en règlement de litiges. Une activité foisonnante et à double détente : les cabinets de juristes ou d'avocats qui se sont mis sur le créneau de la médiation en ligne paient eux-mêmes les services d'autres cabinets, spécialisés en gestion et procédures administratives, pour obtenir l'homologation Certilis. Une privatisation en cascade qui déferle même dans des secteurs où on ne l'attendait pas. À cet égard, ce qui s'est produit, après le vote, en 2007, de la loi dite « DALO », mérite le détour.

DALO : Droit au logement opposable. Pour faire respecter ce droit, les plus pauvres peuvent aussi bénéficier de la médiation. Le législateur leur donne les armes pour obtenir un hébergement digne et déposer des recours quand ils sont à la rue. L'idée est belle et juste. Sauf qu'à l'instauration de ce nouveau droit, rien ou presque n'a été prévu pour son application. Aucune création de postes par exemple à la direction régionale et interdépartementale de l'hébergement et du logement d'Île-de-France, chargée du traitement des recours. Conséquence, les délais de réponse traînent, provoquant un embouteillage des dossiers.

En 2014, le couperet tombe : l'activité de médiation doit être externalisée. Appel d'offres, défilé des prestataires privés... C'est la société Docaposte qui est finalement retenue pour la région Île-de-France. Le marché est estimé alors à plus de 1 million d'euros par an. Et ce sont les salariés de cette filiale du groupe La Poste qui dorénavant reçoivent les dossiers des mal-logés, examinent leur recevabilité et surtout les instruisent avant de les transmettre éventuellement à la commission de médiation, qui tranche en dernier recours. Leur rôle est crucial vis-à-vis des potentiels bénéficiaires du DALO ou bien de l'État, qui peut se voir condamner s'il n'a pas proposé un logement social dans un délai décent. En 2018, Docaposte a également emporté le marché de la région Provence–Alpes-Côte d'Azur. Un an plus tard, en 2019, Jean-François Le Neen, un des piliers de le fondation Abbé Pierre livre, dans *Le Monde*, une analyse amère de cette externalisation. «L'État, dit-il, met la pression pour ne pas accorder trop de DALO et un prestataire extérieur y est plus sensible que les agences qui étaient auparavant chargées de ce travail.»

Des détenus aux ordinateurs

Prenons un autre exemple : les prisons. Au 1er janvier 2020, selon l'Observatoire international des prisons, 71 établissements pénitentiaires sur un total de 187 ont été partiellement privatisés. Un chiffre méconnu et pourtant ahurissant. Si dans ces centres semi-privés, qui accueillent 60 % des détenus en France, la direction comme la surveillance restent du ressort de l'État, les entreprises – principalement Bouygues, Eiffage ou Sodexo – assurent de multiples missions : la conception de l'établissement, sa construction, la maintenance, le nettoyage, le transport, la gestion des cantines, la restauration, la blanchisserie, le travail des détenus et, dans certains cas, l'accueil des familles. La France ne vit pas encore à l'heure des États-Unis, où la prison est devenue un business lucratif pour des sociétés spécialisées, qui gèrent à 100 % certains établissements pénitentiaires en exploitant honteusement le travail des détenus. Mais dans l'Hexagone aussi, le marché de la privation de liberté ne cesse de grandir. Sans que les économies escomptées ne soient pour autant au rendez-vous. En décembre 2017, la Cour des comptes criait haro sur ces partenariats public-privé qualifiés de « réponses inadaptées » et dénonçait « une fuite en avant dont les effets sur les marges budgétaires se font sentir de façon croissante », pointant « des coûts élevés à tous les stades ». La Cour étrillait notamment la nouvelle prison de Riom, dont les charges de construction se sont avérées « 53 % plus élevées » que celles d'Orléans-Saran, établissement pénitentiaire créé sans intervention du privé, l'écart étant encore plus important sur les coûts de maintenance.

Il est un autre domaine où la Cour des comptes épingle régulièrement la chancellerie : l'informatique. Là encore, la juridiction financière s'émeut du recours aussi « excessif » à des partenaires extérieurs qui n'ont pas brillé par leur efficacité. « Le ministère de la Justice, relève la Cour en octobre 2021, a accumulé un retard considérable par rapport aux autres ministères ou à ses homologues européens : équipements obsolètes, logiciels anciens qui communiquent très peu entre eux au sein du ministère, gouvernance informatique en souffrance, très faible niveau de protection des systèmes, incapacité de la justice à disposer d'informations fiables pour conduire le changement. » Bref, échec sur toute la ligne de l'opération dite « Cassiopée », lancée en 2001 par la chancellerie, pour unifier la justice pénale.

Sept directeurs de projet se sont pourtant succédé sur ce chantier numérique jusqu'en 2014. Mais le ministère n'a jamais été capable de se doter en interne d'équipes de maîtrise d'ouvrage qualifiées. « Pour pallier l'absence de ces ressources clés, fustige la Cour des comptes, des solutions ont été trouvées à travers une externalisation critiquable par son ampleur. Le responsable de la cellule de pilotage et de gestion de projet a ainsi été longtemps un prestataire, avant d'être recruté sous contrat, créant une situation objective de risque de conflit d'intérêts. Des protocoles transactionnels coûteux à hauteur de plus de 3 millions d'euros, représentant environ 10 % du prix du marché, ont ainsi dû être conclus. »

L'appel à des consultants externes, faute de pouvoir s'appuyer sur des fonctionnaires « maison », est aussi à l'origine de la faillite de Portalis, l'autre grand projet numérique porté par le ministère. Portalis, du nom d'un avocat, philosophe, membre de l'Académie française, l'un des principaux rédacteurs du Code civil, qui serait sans doute le premier horrifié de voir son patronyme accolé à pareille déroute. Sur le plan technique comme sur le plan financier, tout est parti en vrille. Les neuf systèmes d'information de la justice civile devaient être rassemblés en un seul. Le coût de cette modernisation, estimé à 28 millions d'euros en 2013, a atteint les 100 millions en 2020. La facture devrait encore s'alourdir puisque, en septembre 2021, la Place Vendôme a lancé un énième appel d'offres pour qu'un cabinet de consultants achève les travaux. Même

Laetitia Avia, la députée LREM qui suit le budget de la Justice pour la commission des lois de l'Assemblée nationale, n'a pas caché son désaccord : « Portalis, s'est-elle indignée, est un gouffre financier. » Et cela, a-t-elle précisé, « en raison de l'externalisation ».

Entendu en 2020 par la commission des finances, Nadi Bou Hanna, alors directeur interministériel du numérique, n'avait pas dit autre chose : « Il faut que le ministère de la Justice cesse de lancer des projets pharaoniques, comme le projet Portalis, où les responsables sont, de fait, appelés à changer fréquemment et ne sont pas en mesure de contrôler le travail des prestataires. »

Tous les observateurs qui suivent attentivement le chantier de la numérisation de la Place Vendôme, qu'ils soient hauts fonctionnaires, magistrats ou députés, sont unanimes : la Justice est sous-dotée en informaticiens (environ 500 personnes) et se trouve à la merci des cabinets de consultants qui, faute de suivi effectif, peuvent dégager des marges indécentes. « Il est exact, nous a ainsi confié anonymement un membre de Capgemini, que lorsque nous arrivons dans ce type d'administration, nous pouvons mettre tranquillement les pieds sur la table. Dans le privé, nos prestations sont beaucoup plus encadrées. »

Le ministère de l'Intérieur a aussi connu quelques beaux ratés numériques, notamment avec Scribe, censé moderniser, en 2016, le système vieillissant de rédaction de plaintes. Capgemini doit alors concevoir le nouveau logiciel. Mais, cette fois encore, tout dérape. Délais non respectés, interminables ajustements, départ du directeur du projet avec la moitié de son équipe. Scribe est finalement mis à l'arrêt à l'automne 2021. Sans qu'aucun recours ne soit possible contre le prestataire. Les pertes se chiffrent à près de 12 millions d'euros. Pour David Le Bars, secrétaire général du Syndicat des commissaires de la police nationale, « si d'autres y arrivent et nous non, c'est bien qu'il y a eu un problème de méthode. Pourquoi ne pas recruter des ingénieurs, les payer correctement, et s'assurer de la réussite du projet[42] ? ». Bonne question. L'entourage de Gérald Darmanin lui a répondu que l'organisation du numérique allait être « profondément changée » et que « tout serait prêt en 2024 ». À suivre…

Le marché de l'insécurité

Place Beauvau, le processus de privatisation est infiniment plus ancien et beaucoup plus massif que dans la justice. Il a connu un premier boum dans les années 1960, et une véritable explosion au début des années 2000. En deux décennies, le nombre d'entreprises de sécurité privée a doublé. Ces sociétés réalisent aujourd'hui un chiffre d'affaires annuel de plus de 6 milliards d'euros et emploient 180 000 agents (pour 250 000 policiers d'État), lesquels semblent être désormais incontournables. La preuve, lorsque le ministre de l'Intérieur, Gérald Darmanin, évoque leur future mission durant les Jeux olympiques de 2024 en France, il les inscrits « naturellement » aux côtés des gendarmes et des policiers dans le « continuum de la sécurité » et les remercie par avance de leur rôle « essentiel ».

Le ministre a d'ailleurs tenté de leur accorder de nouveaux pouvoirs dans la loi Sécurité globale discutée au printemps 2021 au Parlement, leur promettant la possibilité de pratiquer des palpations de sécurité ou un meilleur armement. Son texte a été retoqué par le Conseil constitutionnel.

Le secteur reste cependant florissant et sa croissance à deux chiffres profite amplement aux consultants. Ils en sont même pour partie à l'origine. Depuis le milieu des années 1990, on a vu éclore partout les cabinets de conseil proposant aux entreprises et aux collectivités locales des « diagnostics locaux de sécurité », des « audits de sécurité » ou des « études de vidéosurveillance ». Pour le chercheur et docteur en science politique Laurent Bonelli, ces consultants « sont devenus les entrepreneurs d'une cause qu'ils font vivre parce qu'ils en vivent : l'insécurité[43] ». Nombre d'anciens fonctionnaires de police ou de gendarmerie ont pu s'y reconvertir de manière fort rémunératrice, rappelle l'universitaire : « À partir de 1997, la circulaire mettant en place des contrats locaux de sécurité (CLS) leur a donné un réel coup de fouet. » La signature de ces CLS étant obligatoirement subordonnée à la réalisation d'un « diagnostic local de sécurité », ce type d'expertise s'est transformé en véritable activité commerciale, faisant notamment la fortune de la société AB Associates, créée par le criminologue Alain Bauer.

Le business de la déradicalisation

La lutte contre l'islamisme aussi se vend. L'État n'a visiblement pas réussi à garder la main dans ce domaine hautement sensible. Peu après les attentats du 13 novembre 2015, alors que le gouvernement débloquait une enveloppe de 100 millions d'euros pour lancer son plan « contre la radicalisation violente », près de 80 associations et cabinets de conseil se sont engouffrés dans ce nouveau marché. À l'époque, le sociologue Gérald Bronner tire la sonnette d'alarme et parle d'« une bulle spéculative ». De fait, beaucoup des missions menées par ces consultants se sont révélées calamiteuses. Dès 2017, une commission parlementaire a mis à jour de multiples dérives. « Plusieurs associations ne disposant pas des compétences nécessaires, mais recherchant des financements publics, se sont tournées vers ce secteur, écrivent dans leur rapport les sénatrices Esther Benbassa et Catherine Troendlé, et l'effet d'aubaine financière a donné lieu à un business de la déradicalisation ». Malgré ce raté, l'externalisation de ces missions n'a pas cessé. L'État a continué à lancer des appels d'offres. Nous avons ainsi pu retrouver trois marchés récents. Le premier, en date de 2018, a été gagné par le groupe SOS, présidé par Jean-Marc Borello, un proche de la première heure d'Emmanuel Macron. C'est donc SOS qui assure le suivi de personnes radicalisées placées « sous-main de justice », c'est-à-dire contrôlées par un juge, mais laissées en liberté.

Quant aux deux autres contrats, ils laissent plus que dubitatifs. Celui de 2019 consiste en une « évaluation du dispositif de prise en charge des personnes signalées pour radicalisation ou en voie de radicalisation et d'accompagnement de leur famille ». En gros, un audit – normalement du ressort d'une inspection administrative. C'est pourtant un cabinet privé, Asdo Études, qui s'est vu attribuer le contrat d'un montant de 300 000 euros. Le marché de 2021 interroge également. Le ministère de l'Intérieur rémunère la société Challenges Académia à hauteur de 300 000 euros pour qu'elle organise « des conférences sur la radicalisation dans le sport ». Aurait-on oublié Place Beauvau qu'il existe un ministère chargé des Sports ? Un ministère qui s'est emparé depuis longtemps de cette problématique puisque un an plus tôt, en 2020, il a formé un réseau de 200 référents « Radicalisation », des « ambassadeurs de la citoyenneté » placés au sein des fédérations sportives. Pourquoi ne pas avoir fait appel à ces spécialistes ? Comprenne qui pourra...

Chapitre 10

Bercy : consultation à tous les étages

On les appelle les « Incorruptibles » de la République. Ils sont 190, tous triés sur le volet, tous membres de la cellule Tracfin, le service de renseignement anti-fraude de Bercy. Alors que leurs lointains homologues du Trésor américain ont fait tomber Al Capone, eux sont chargés de lutter contre l'argent de la drogue, la fraude fiscale, les escroqueries aux cryptomonnaies ou le financement du terrorisme. Les Incorruptibles sont habilités « très secret-défense », leurs moyens de communication suivent des protocoles confidentiels, et toute personne qui entre dans leurs bureaux de Montreuil passe par un sas équipé d'un détecteur de métal. Pourtant, même dans ce lieu parmi les mieux gardés de la République, les consultants ont réussi à s'infiltrer.

La directrice de Tracfin, Maryvonne Le Brignonen, les y a un peu aidés. Cette ancienne consultante chez KPMG devenue inspectrice des finances est restée deux ans à la tête du service, de 2019 à fin 2021, date à laquelle elle est partie diriger l'Institut national du service public qui a remplacé l'ENA. Son court mandat à Tracfin a été consacré à la réorganisation des effectifs. Pour ce faire, elle a mandaté Oasys Consultants, un expert de la « transition apprenante », de « l'agilité permanente » et de « l'accélération des transformations », comme on peut le découvrir sur son site. L'initiative a surpris les équipes de Tracfin : leur travail est ultrasensible, et voilà qu'ils devraient livrer leurs secrets à deux personnes extérieures ? C'est pourtant bien ce à quoi ils ont dû se plier. « On a eu face à nous des gens qui ne connaissaient pas notre métier. Il a fallu tout leur expliquer, et pourtant, ce sont eux qui ont redessiné l'organigramme, redéfinit nos missions. C'était très perturbant », se souvient un ancien du service. De fait, suite au passage des consultants d'Oasys, toute l'organisation interne de Tracfin a été chamboulée. Un département historique, celui de « l'analyse, du renseignement et de l'information », a été absorbé dans une division plus large, et la lutte contre le terrorisme a été intégralement repensée. La restructuration du renseignement économique français aura donc été définie à partir du diagnostic d'un cabinet de conseil privé !

Les consultants du nucléaire

À Bercy, il est un autre secteur vital pour l'économie française, et tout aussi stratégique, que les consultants ont réussi à infiltrer : la filière nucléaire. Nous sommes en décembre 2019. Emmanuel Macron voudrait relancer la construction de centrales à l'atome en

France. Or, EDF a accumulé les retards et les surcoûts sur ses deux derniers chantiers, des centrales de type EPR, qui ont du mal à sortir de terre en Finlande et à Flamanville, sur la côte normande. Le ministre de l'Économie, Bruno Le Maire, demande donc au cabinet Roland Berger « un audit sur les coûts du nouveau modèle de réacteur nucléaire de l'EPR2 ». L'intitulé de l'appel d'offres est limpide : il s'agit de « porter une appréciation sur les choix de conception et l'évaluation économique de l'EPR2 », en s'appuyant sur l'étude d'EDF, « qui doit être challengée ». Montant de la prestation : 407 550 euros. Quatre cent mille euros pour « challenger » EDF ? Comment mieux résumer la très grande méfiance des décideurs politiques à l'égard des ingénieurs de l'électricien public, qui sont pourtant supposés être la crème de la crème, recrutés parmi les meilleurs éléments à la sortie de la filière X-Mines, tous habilités secret-défense, et normalement les seuls à avoir accès aux données les plus confidentielles...

On peut aussi voir les choses différemment. La filière nucléaire française, souvent décrite comme un lobby figé dans ses certitudes, pourrait effectivement avoir grand besoin d'être « challengée », et un avis extérieur serait synonyme d'une plus grande liberté d'esprit. Les hauts fonctionnaires que nous avons interrogés, qui ont tous travaillé avec des consultants, pensent l'exact contraire. « Les pros de l'audit sont payés pour écrire ce qu'on attend d'eux, tacle une énarque passée par la préfectorale. Ils ne sont en rien un gage d'indépendance, mais ça rassure tout le monde de s'en remettre à eux : les politiques, parce que l'administration traîne une mauvaise image, et les hauts fonctionnaires, parce qu'ils se couvrent. » La montée en puissance du consulting est en effet concomitante de la déresponsabilisation progressive du personnel politique, paniqué à l'idée de devoir rendre des comptes jusque devant un tribunal. Une dérive que la Cour des comptes dénonçait, dès 2014, jugeant très « contestable (...) l'utilisation des consultants comme cautions techniques des décisions de l'Administration, parfois en doublons avec des avis internes, avec pour objectif ou conséquence une dilution de la responsabilité des décideurs publics[44]. » Un coup de semonce passé une nouvelle fois inaperçu. En attendant que les ministres suivent les recommandations et avis de la Cour – on risque d'attendre longtemps –, Bercy continue donc de s'appuyer allègrement sur les cabinets de conseil. Le 15 avril 2021, le ministère a émis un nouvel appel d'offres pour la « réalisation d'une mission relative aux modalités de financement de nouvelles centrales nucléaires en France ». Valeur : 300 000 euros. Roland Berger sera-t-il encore le grand gagnant ?

La toute-puissance de Roland Berger

Ce cabinet, fondé en 1967 à Munich par un consultant du même nom, est devenu incontournable au ministère de l'Économie. Charles-Édouard Bouée, le

Français qui a dirigé le groupe au niveau mondial entre 2014 et 2019, un centralien passé par Harvard, expert en « innovation disruptive », est un proche de Bruno Le Maire, avec qui il a appris l'allemand sur les bancs du lycée jésuite Saint-Louis-de-Gonzague, dans le très chic Ouest parisien. Sous sa houlette, Roland Berger s'est hissé en première ligne sur les dossiers les plus chauds. Ainsi en octobre 2018, lorsqu'il faut tenter d'organiser le sauvetage de l'aciérie d'Ascoval à Saint-Saulve dans le Nord. La secrétaire d'État déléguée à l'Industrie, Agnès Pannier-Runacher, une énarque qui appartient à cette génération biberonnée au *New Public Management*, justifie ainsi son choix d'être passée par le cabinet allemand : « Nous avons besoin de mettre un petit peu de rationalité et d'aller au fond du dossier, c'est pourquoi nous avons demandé à un cabinet expert en industrie, Roland Berger, de rebalayer tout le dossier pour nous aider à décider[45]. » L'un des proches de la secrétaire d'État ajoute : « Face à des groupes privés entourés des meilleurs conseils, nous avons besoin d'acquérir le même niveau de compétences pour mieux négocier. » Sans doute. Mais, dans un autre dossier traité par Roland Berger pour Bercy, celui de la Fonderie du Poitou Fonte à Ingrandes-sur-Vienne, touchée par la baisse des commandes de Renault à l'été 2020, les analyses des consultants ont quand même laissé dubitatifs les 290 salariés de cette entreprise poitevine. « Ils ont fait leurs réflexions seuls dans leur coin, explique alors un délégué syndical[46], le document [qu'ils nous ont remis] est le même que celui présenté aux autres filières de Renault. Et on est censés avaler leurs paroles ! » La fonderie a été liquidée en juillet 2021.

On retrouve encore l'omniprésent Roland Berger au cœur d'un méga marché de 17,2 millions d'euros conclu par Bercy en février 2021. Cette fois-ci, le cabinet n'est pas tout seul, il a été sélectionné avec d'autres grands noms du consulting : McKinsey, Eurogroup, PWC, Ernst & Young, Deloitte. Une équipe de choc constituée par le ministère de l'Économie pour venir l'épauler dans l'hypothèse d'une hécatombe des entreprises françaises à l'expiration des mécanismes d'aide mis en place pendant la pandémie. La lecture de cet accord-cadre de février 2021 renvoie l'image d'une Administration étrangement famélique. Les compétences recherchées couvrent en effet un très vaste champ : audit financier, diagnostic industriel, écriture des plans de retour à l'équilibre, restructuration financière, recherche de repreneurs ou de solutions de réindustrialisation, expertise juridique. L'ampleur des tâches confiées au privé est d'autant plus déroutante qu'il existe, au sein du ministère, plusieurs organismes chargés d'aider les entrepreneurs en difficulté financière et de trouver des repreneurs ou des solutions de réindustrialisation. Visiblement en nombre insuffisant. « Nous n'avons pas vocation à devenir un État soviétique, rétorque-t-on à Bercy, nous devons rester légers. Nous n'allons pas embaucher alors que nous réagissons en permanence à des situations d'urgence. Travailler avec des cabinets de conseil permet de nous professionnaliser. » Les fonctionnaires de Bercy apprécieront… ou pas.

Des consultants juges et parties

Il n'est pas certain qu'ils apprécient davantage les deux marchés conclus par leur ministère en novembre 2020 et février 2021. À cette occasion, Bercy a sélectionné deux grands cabinets américains pour tailler dans le budget de la fonction publique. Accenture et McKinsey ont pour mission de trouver 1 milliard d'économies dans les 24 milliards dépensés chaque année par les ministères et les opérateurs de l'État[47]. Sont visés les loyers, les achats de fournitures, d'équipements informatiques et... de prestations intellectuelles. Accenture et McKinsey iront-ils jusqu'à proposer de rogner dans les dépenses de consultants ? Il est permis d'en douter. Mais il est quand même fascinant de voir un État déléguer au privé une mission par nature éminemment politique. Faire des économies revient en effet toujours à faire des choix. La « consultodépendance » atteint ici un seuil critique. La situation est d'ailleurs identique dans les grandes entreprises publiques et les institutions financières. EDF, SNCF, La Poste, la Caisse des dépôts... Toutes dépensent chaque année des dizaines de millions d'euros en contrats auprès des cabinets les plus prestigieux.

L'ex-patron d'un des plus importants groupes publics a accepté de nous en expliquer les raisons sous couvert d'anonymat :

« D'abord, le recours à des compétences extérieures est nécessaire pour tous les sujets liés aux nouvelles technologies. Il faut aussi combler le manque de compétences dans des domaines que l'entreprise a décidé d'externaliser. Enfin, il faut bien se rendre compte que la transformation dans une entreprise publique est deux à trois fois plus périlleuse que dans un groupe privé. Si on se plante, si le corps social le refuse, on est immobilisé pendant des années. Alors on multiplie les avis auprès de consultants par ailleurs très compétents et très brillants. » Dont acte. On notera cependant que ce recours massif au consulting est de moins en moins tendance dans le privé. En France, de plus en plus d'entreprises montent des structures de conseil en interne. Une cinquantaine ont vu le jour ces cinq dernières années. Les plus grands groupes, Engie, Société Générale, Renault, BNP Paribas, Allianz, possèdent tous désormais leurs consultants maison. En 2020, ces derniers assuraient déjà près de 10 % des missions qui étaient auparavant confiées à des prestataires externes. Et ce chiffre grimpe chaque année. Cette ré-internalisation permet des économies, les informations confidentielles sont protégées, et les directions peuvent compter sur des intervenants qui connaissent la culture d'entreprise. Alors que depuis vingt ans les chantres du *New Public*

Management professent que le secteur privé a toujours raison, il pourrait être judicieux, pour une fois, de s'en inspirer.

Chapitre 11

Matignon : un sondage toutes les quarante-quatre heures

C'est un immeuble au 20, avenue de Ségur, à quelques encâblures des principaux ministères dans le très chic 7e arrondissement parisien. Ici siège le Service d'information du gouvernement, le SIG. Un organisme fort discret aux fonctions pourtant stratégiques pour tous les pouvoirs en place et dont les dépenses sont devenues exponentielles. Quatre-vingt-dix fonctionnaires, dont une bonne part de contractuels, y scrutent vingt-quatre heures sur vingt-quatre les soubresauts de la vie politique, chargés – peut-on lire sur le site de ce service rattaché à Matignon – « d'informer le Premier ministre sur l'évolution de l'opinion publique, de valoriser l'action du gouvernement, et de mesurer son traitement médiatique ». Comme le reconnaît un haut fonctionnaire, « l'exercice est délicat, nous sommes constamment sur une ligne de crête, entre le service de l'État et la propagande ». Surtout depuis qu'est survenue au milieu des années 2010 « l'affaire des sondages de l'Élysée ».

La révélation par l'association anti-corruption Anticor de plus de 500 études d'opinion pilotées en catimini par Nicolas Sarkozy a abouti au renvoi en correctionnelle de quatre des anciens conseillers du président[48]. Conséquence, les sondages ne dépendent plus désormais du bon vouloir du Palais. Ils sont soumis à des appels d'offres réglementés par le Service d'information du gouvernement. Si l'idée était de limiter leur nombre, c'est raté. Sous Emmanuel Macron, les études censées cerner les attentes ou les colères des Français sont tombées comme à Gravelotte, nous y reviendrons. Le SIG s'est aussi démené comme jamais pour valoriser les réformes du quinquennat, sollicitant, à un rythme également inédit, les lumières de consultants extérieurs, quitte à se tirer lui-même une balle dans le pied.

Parmi la kyrielle de contrats que nous avons examinés, celui qui a été enregistré au journal officiel le 19 août 2020 – sous la référence JO/S S160 – mérite un coup de projecteur. Cette histoire surréaliste, qui n'a jamais été racontée, résume assez bien les errements du 20, avenue de Ségur. « À l'origine de cette commande, nous confie une ancienne fonctionnaire du SIG, il y a le traumatisme provoqué par la crise des Gilets Jaunes. » Le divorce, nous explique-t-elle, n'était jamais apparu aussi patent entre le pouvoir politique parisien et le « peuple » de province. Marion Burlot, à l'époque numéro 2 du SIG, propose donc à son directeur, Michaël Nathan, de mettre sur pied un petit groupe de personnalités, toutes choisies en dehors de l'Administration. Cet aréopage, lui dit-elle, devra plancher sur les ratés de la communication gouvernementale et plus globalement sur la fracture démocratique.

Pour constituer cette mini-assemblée, Marion Burlot, qui a aussi été responsable du service de presse de François Hollande, prévoit de s'appuyer sur son carnet d'adresses et sur celui des membres du SIG. Elle veut organiser des rencontres avec des chefs d'entreprises, des associatifs, des universitaires, des syndicalistes, etc., sans que cela ne coûte un sou aux contribuables, sauf peut-être, quelques notes de frais à 50 euros, pour des déjeuners au restaurant. Michaël Nathan trouve cette idée excellente, à une nuance près : le Service d'information du gouvernement est selon lui débordé et il juge plus rationnel de solliciter un cabinet de conseil pour sélectionner les personnalités invitées à réfléchir sur la fracture qui coupe la France en deux.

Aussitôt dit, un appel d'offres est lancé au printemps 2020. Montant de la facture? Astronomique. 1,8 million d'euros! Le contrat a été divisé en deux lots : 800 000 euros sont prévus pour « se doter du concours d'experts afin de nourrir une réflexion stratégique par une approche pluridisciplinaire pour instaurer des liens de proximité durables avec les citoyens » (sic). Le million restant doit servir à « nouer des partenariats qualifiés avec des think tanks et cercles de réflexion français et internationaux au sein desquels le SIG pourra valoriser son expertise de la transformation de la communication gouvernementale ». Le SIG est donc prêt à débourser

800 000 euros pour mieux « communiquer », ce qui est pourtant sa raison d'être, et un 1 million de plus pour faire sa pub auprès d'interlocuteurs qui, de par leur pratique professionnelle, connaissent tous parfaitement son existence, depuis sa création en... 1963. Kafka au secours !

L'histoire, pourtant, ne s'arrête pas là. Car évidemment, compte tenu des sommes en jeu, une quarantaine de cabinets répondent à l'appel d'offres. C'est une jeune communicante, Amandine Lepoutre, qui gagne le jackpot. Dirigeante du think tank Thinkers & Doers, un réseau citoyen qui souhaite « mettre l'économie au service de l'humanité », elle remporte le premier lot à 800 000 euros mais aussi le second lot de 1 million d'euros, au nom de la société LSA, l'agence de communication qu'elle a montée avec deux autres associés. « Si seulement j'avais su à l'époque dans quel engrenage je m'engageais », se désole Amandine Lepoutre lorsque nous la rencontrons fin octobre 2021 dans un café parisien. Alors que « naïvement », elle pensait choisir ses experts (« tous des bénévoles prêts à prendre sur leur temps libre pour servir l'État »), elle se voit imposer certains noms. Deux en particulier, macronistes de la première heure : Jean-Marc Borello, le président du groupe d'entreprises sociales SOS, membre du bureau exécutif de La République En Marche, et Philippe Grangeon, conseiller politique d'Emmanuel Macron, un ancien du cabinet Capgemini.

Tandis que ce dernier décline l'offre, Jean-Marc Borello, lui, accepte de siéger dans le comité aux côtés d'une quinzaine d'autres personnes, dont Sylvain Fort... l'ex-communicant du président de la République. Un entre-soi pour le moins paradoxal au regard de l'objectif initial poursuivi... Plus surprenant encore, raconte Amandine Lepoutre, on lui adjoint « un service de dactylographie, chargé de prendre en notes les échanges lors de chacune des réunions du comité, puis de les transmettre illico au SIG » avant même qu'elle ait pu en prendre connaissance. Puis, au moment du rapport final remis au Premier ministre, déplore-t-elle encore, « des passages entiers vont être récrits par le SIG. Des citations ont même été modifiées ou totalement aseptisées ». 800 000 euros pour ce résultat ?

Quant à l'autre partie du contrat, celle à 1 million d'euros, pour les « partenariats qualifiés » avec des think tanks et autres cercles de réflexion, il est resté à moitié dans les limbes. À cause de la crise du Covid mais pas que. Car, en cours de route, le SIG a réalisé qu'un autre service de l'État, la DITP, avait, de son côté, déjà payé d'autres consultants pour phosphorer sur des dispositifs de « participation citoyenne » eux aussi reliés à des think tanks. En clair, un doublon caractérisé. « Au bout d'un an, j'ai préféré rompre le contrat, tant pis pour l'argent perdu », conclut Amandine Lepoutre, qui aura quand même empoché pour les deux lots 675 000 euros. Sollicité par nos soins, Michaël Nathan, le patron du SIG, se dit très content « de la richesse des échanges et des réflexions issues du travail du comité d'experts retranscrites dans un rapport baptisé "Choc de confiance et communication politique"». Tout ça pour ça...

Un budget com qui bat des records

Durant l'année 2020, et sous la houlette de son directeur, le budget du SIG aura par ailleurs explosé, atteignant 28 millions d'euros, au lieu des 14 millions initialement prévus. Si une partie de cette somme (8 millions) a été absorbée par un numéro vert mis en place pour répondre «aux interrogations des Français face au coronavirus», les enquêtes d'opinion ont également coûté un bras.

Entre le 5 mars et le 28 mai 2020, le gouvernement a commandé, pour 1 million d'euros, trente-trois études qualitatives et douze questions hebdomadaires pour mesurer la popularité de l'exécutif, soit un sondage toutes les quarante-quatre heures! Au printemps 2021, en découvrant ces chiffres, Marie-Christine Dalloz, députée LR du Jura, rapporteure spéciale de la commission des finances de l'Assemblée nationale, a publiquement dénoncé une «dérive sondagière», allant jusqu'à se demander si «les annonces faites tous les mercredis au plus fort de la pandémie, lors des conférences de presse d'Olivier Véran, n'ont pas autant été dictées par les enquêtes d'opinion que par des considérations sanitaires». La parlementaire s'est aussi inquiétée des chiffres à venir : «La dotation du SIG pour 2021 pourrait être considérée comme insincère, au regard de la trajectoire d'exécution des crédits pour 2020, car la crise sanitaire est malheureusement loin d'être terminée.» «À crise exceptionnelle, moyens tout aussi exceptionnels», a rétorqué le SIG.

Là où le bât blesse, c'est que ce recours effréné aux instituts n'est pas seulement dû au Covid. À d'autres moments clés depuis 2017, le SIG a cassé sa tirelire. Ou plutôt celle du contribuable, puisqu'il s'agit de dépenses publiques. Ainsi, entre avril et mai 2018, lorsque le gouvernement introduit sa réforme de la SNCF, vingt études sont commandées sur un période de soixante jours. Puis, rebelote à la fin de l'année : en pleine crise des Gilets Jaunes, le pouvoir, tétanisé par le risque d'insurrection, achète sept vagues de sondages en seize jours, du 3 au 19 décembre 2018. Idem, lors de la réforme des retraites en décembre 2019 : sept études en vingt jours. Au total, sous la présidence d'Emmanuel Macron, et par rapport au quinquennat de François Hollande, le budget sondage a été multiplié par deux. En juillet 2019, le SIG passait encore une commande groupée de 13,9 millions d'euros aux principaux instituts : IFOP, BVA, Harris Interactive, Kantar, Ipsos, OpinionWay.

La surveillance des réseaux sociaux

Et encore, ce très gros marché sondagier ne représente qu'une toute petite partie des dépenses en consulting du Service d'information du gouvernement. Lorsqu'en 2018, Michaël Nathan en prend la tête, le président de la République lui assigne une mission très précise : « Moderniser la veille. » Cette consigne sera respectée à la lettre. « Dorénavant, expliquent les technocrates du SIG, nous procédons à l'hybridation des données efficientes. » Traduction, en plus des sondages traditionnels, ils surveillent aussi les polémiques qui enflamment quotidiennement les réseaux sociaux. Le chef de l'État étant lui-même addict de Twitter, Facebook, Instagram, ou TikTok, le SIG doit se tenir prêt à réagir à toute heure. D'où l'appel incessant à des sociétés privées. Ainsi dès janvier 2017, un premier contrat est passé pour « analyser la conversation sociale publique, à partir d'un corpus de tweets ». Montant : 590 000 euros. Quatre ans plus tard, en mars 2020, afin d'effectuer des « mesures d'impact sur les réseaux sociaux », le SIG provisionne 2,8 millions d'euros, soit cinq fois plus. Un pactole que se partage trois sociétés, une Française, Visibrain, et deux étrangères, NewsWhip et Talkwalker. La première étant domiciliée à Dublin, la seconde au Luxembourg. Autrement dit, dans deux paradis fiscaux.

Cette veille modernisée, désormais étendue à l'ensemble des réseaux sociaux, est-elle véritablement nécessaire ? Faut-il donner du sens aux flots de haines qui se déversent à jet continu sur Facebook ou Twitter ? « On sait que s'y expriment en immense majorité les "antis", rappelle le directeur général de l'IFOP,

Frédéric Dabi. Les “pour”, eux, restent muets. Tout cela est donc à prendre avec la plus grande précaution. » Même si, bien sûr, Frédéric Dabi plaide pour sa paroisse, les bons vieux sondages, « le meilleur outil », à l’entendre, « pour prendre une photo de l’opinion ».

Les bonnes affaires de Kantar

Le gouvernement surveille le Net, mais n’oublie pas les médias traditionnels. Et là encore, les consultants sont appelés à la rescousse. Ce sont eux qui façonnent pour les ministères des revues de presse sur mesure. L’entreprise Kantar se taille la part du lion. Une société détenue à 60 % par le fond spéculatif américain Bain Capital et créée par le sénateur Mitt Romney, l’ex-candidat Républicain à la Maison-Blanche ! Cela n’a pas empêché le ministère des Armées de lui confier la lecture quotidienne de la presse contre 2,3 millions d’euros. Le ministère de l’Agriculture débourse pour sa part 588 000 euros et Santé publique France, un autre service de l’État, 2,1 millions. Kantar dépiaute aussi les journaux pour la Banque de France, Pôle emploi, le musée du Louvre ou le château de Versailles. Au total, nous avons recensé une bonne vingtaine de contrats de ce type, sur la seule période 2018-2021. Sans compter des prestations encore plus pointues. Kantar a ainsi fabriqué un baromètre qui « mesure l’impact médiatique de l’action gouvernementale ». Il fallait y penser. Cela aussi a un coût : 2,1 millions d’euros. Ce contrat date du

21 septembre 2021. En 2014, la même société facturait un service comparable pour seulement 300 000 euros… Tout augmente.

Le SIG, nuit et jour, sept jours sur sept, telle une vigie fidèle, observe, vérifie, rend compte de tout ce qui se dit, ou s'écrit sur le gouvernement. Mais un autre rôle, tout aussi important sinon plus, lui a été dévolu : faire adhérer les Français à la politique en cours. Et, visiblement, cela non plus n'a pas de prix. Le 7 décembre 2018, un gigantesque marché de 300 millions d'euros pour une durée de quatre ans a été conclu avec l'entreprise Dentsu Aegis Network. Ce géant japonais du secteur conseille le pouvoir en stratégie média. Il est chargé du montage des incontournables partenariats, des achats d'espaces publicitaires, de la diffusion des campagnes d'intérêt général (lutte contre l'alcool au volant, contre le cancer etc.), mais aussi de l'information gouvernementale. Dit autrement, il s'agit de faire la promotion des réformes voulues par Emmanuel Macron. Sous François Hollande, en 2015, le même marché avait été conclu avec la même société, mais pour une somme nettement inférieure, 200 millions d'euros seulement (si l'on ose dire). Une hausse de 33 % justifiée par la nécessité d'être «plus visible sur les supports digitaux». Et par une production accrue de contenus vidéos (cinq par jour, contre deux auparavant par semaine). Insuffisant : en janvier 2020, le SIG s'est encore offert pour 1 million d'euros les services de deux agences de communication, Successive et La Netscouade, pour réaliser « des reportages en live », et des vidéos au smartphone dite « instantanées ».

Le marché de la participation citoyenne

Pour convaincre les Français, les moyens déployés semblent illimités. Mais la meilleure solution n'est-elle pas encore de les faire participer eux-mêmes aux processus de décision ? Le gouvernement semble s'être converti sur le tard à cette forme de dialogue. La concertation citoyenne est pourtant une idée ancienne, défendue depuis le début des années 1970 par nombre de militants associatifs. D'abord cantonnée dans des cercles assez restreints, souvent liée à des luttes urbaines et synonyme de contestation du pouvoir, cette méthode s'est largement répandue depuis une petite dizaine d'années. Les pouvoirs publics ont fini par s'en emparer, et les débats participatifs se sont institutionnalisés. Corollaire de ce succès, aux côtés des grands cabinets de conseil en stratégie, tout particulièrement Roland Berger ou le BCG, une myriade de sociétés de consultants d'un nouveau genre a fait irruption sur ce marché de la démocratie. En 2018, la Caisse des dépôts en dénombrait déjà une cinquantaine.

En France, les plus en vogue ont pour nom Bluenove, Res publica, ou Missions Publiques. Si ces entreprises spécialisées dans la concertation mettent en avant leur engagement pour « une société du dialogue et du respect », louent « l'intelligence collective », défendent

« un monde plus durable et plus solidaire », préfèrent parler de « champs d'activités » plutôt que de « marchés », elles font d'abord des affaires. Confrontées à une forte concurrence, elles ne cessent d'ailleurs de proposer des dispositifs de concertations numériques toujours plus sophistiqués et qui empruntent au marketing client. Du coup, leurs services sont de plus en plus chers. Au printemps dernier, le gouvernement lançait ainsi un appel d'offres pour un marché estimé à 2,8 millions d'euros, afin de se faire accompagner « dans la conception, la mise en œuvre et le suivi de dispositifs de participation citoyenne ».

Ces sociétés prospèrent également sur la confusion qui règne au plus haut sommet du pouvoir. Quelle est l'entité chargée de mettre en musique ces nouvelles formes de consultation et donc de passer des contrats avec les consultants ? Impossible de répondre à cette question, mais une chose paraît à peu près sûre : trois structures bureaucratiques se sont vu confier exactement la même mission. Ainsi, la plus ancienne, la CNDP, Commission nationale du débat public, a depuis 2002 le statut d'autorité administrative indépendante. Elle est placée sous la houlette de l'ex-ministre des Sports Chantal Jouanno. Puis un CIPC, Centre interministériel de la participation citoyenne, a été créé en novembre 2019. Il est dirigé par Typhanie Scognamiglio, une ancienne consultante du cabinet Missions Publiques. Enfin, le CESE, le Conseil économique social et environnemental, a été prié par Jean Castex, en septembre 2021, de s'atteler lui aussi à «la promotion de la démocratie délibérative». Cet empilement de sigles et d'acronymes traduit l'embarras du gouvernement vis-à-vis de dispositifs de concertation citoyenne, qu'il n'arrive pas à maîtriser. Cette cacophonie est apparue au grand jour lors de la préparation du Grand Débat institué en janvier 2019 pour répondre au mouvement des Gilets Jaunes. Saisie de son organisation, la présidente de la CNDP, Chantal Jouanno, en avait finalement démissionné avec fracas. En raison d'une polémique liée à sa rémunération, mais aussi à cause du refus du gouvernement de suivre la méthodologie préconisée par la CNDP. Chantal Jouanno avait expliqué préférer claquer la porte plutôt que de se prêter à une «campagne de communication». Le cabinet de conseil en stratégie Roland Berger, associé à la société Bluenove, avait alors repris la main.

Emmanuel Macron a connu la même déconvenue avec la Conférence citoyenne sur le climat, objet, elle aussi, de multiples critiques, tout autant que la loi Climat et Résilience qui en a découlé. Selon de nombreux experts, l'ex-député Marcheur Matthieu Orphelin en tête, cette loi «ne permet d'éviter que 13 millions de tonnes de CO2 par an», très loin des engagements pris lors de la Conférence. Le gouvernement décide alors de contre-attaquer. Il engage le Boston Consulting Group pour jouer les démineurs, et lui confie la réalisation d'une étude d'impact sur «les mesures prises par la France en matière de réduction de gaz à effet de serre depuis 2017». In fine, le BCG donne un satisfecit à Emmanuel Macron. Le cabinet considère en effet que les objectifs portés par le gouvernement sont «globalement à la hauteur prévue des réductions». Aussitôt connues, ces conclusions provoquent l'ire des mouvements écologistes. «Pouvait-on raisonnablement s'attendre à un autre résultat, dénonce le site Reporterre, de la part d'un cabinet de conseil qui possède dans son portefeuille de clients des constructeurs de voitures, ou la firme chimique BASF.» Même le très réservé Conseil d'état, qui est chargé d'examiner la conformité des lois, avait alors éreinté le BCG, en pointant des «insuffisances notables» dans l'étude d'impact que le cabinet avait produite.

La mode du «nudge»

Embourbé dans ses tentatives de délibération participative, le gouvernement se félicite en revanche de ses avancées dans le domaine du *nudge*. Une nouvelle philosophie de la communication issue des sciences comportementales. Le *nudge*, littéralement «coup de coude» en anglais, est follement tendance dans la Macronie. Le principe est d'inciter sans contraindre. Tout un art. De manière plus triviale, on parle aussi de la «technique de l'urinoir», ou comment, en plaçant une petite marque – une mouche – en son milieu, les hommes sont incités à viser bien droit. Cette science a été théorisée par un universitaire américain, Richard Thaler, Prix Nobel d'économie en 2017. D'abord utilisé dans le marketing, le *nudge* se caractérise par une série de messages envoyés au consommateur pour le pousser à consommer. La communication politique applique peu ou prou les mêmes recettes. En France, l'institut BVA est pionnier en la matière, avec un service dédié la BVA Nudge Unit. Son responsable, Éric Singler, a apporté son expertise au gouvernement pendant la crise sanitaire. Ainsi, l'expression « masque grand public » a été forgée en pleine pénurie des masques chirurgicaux, pour persuader les Français, furieux de l'impéritie gouvernementale, de se procurer des protections anti-Covid en tissu, ou mieux, de les fabriquer eux-mêmes. Il semble qu'au début de la crise, la BVA Nudge Unit ait travaillé *pro bono*, c'est-à-dire gratuitement. Ensuite, à partir de septembre 2020, un contrat a bien été passé mais sans appel d'offres. Interrogé sur ce point en juin 2021, le SIG nous avait précisé qu'un acheteur a droit en cas « d'expérimentation » de passer des « marchés négociés sans publicité, ni mise en concurrence préalable, pour tout achat innovant d'un montant inférieur à 100 000 euros HT ».

Certes. Mais comment peut-on qualifier le *nudge* « d'achat innovant » ? Un an et demi plus tôt, le 24 mai 2019, l'État, par l'intermédiaire de la DITP, sa Direction de la transformation publique, avait en effet déjà signé un contrat en bonne et due forme de 10,4 millions – avec, entre autres, la société britannique Behavioural Insights Team – pour se faire assister dans la mise en œuvre de démarches de

« sciences comportementales appliquées aux politiques publiques ». Dès 2017 aussi, la SNCF, Pôle Emploi, ou la région Grand Est ont acheté cette « innovation » à des consultants. Même la Caisse d'allocations familiales du Var s'y est mise, souhaitant « identifier via la méthodologie *nudge* des leviers visant à inciter ses usagers à adopter un comportement vertueux ». Bref, le *nudge* n'est plus une « expérimentation ». Il est déjà presque une vieille lune. Mais, en quelque années, il est devenu le nouvel eldorado des consultants qui travaillent pour les services publics.

CONCLUSION

« Ils ne mouraient pas tous, mais tous étaient frappés ». En conclusion de cette enquête, il est tentant de paraphraser Jean de La Fontaine et ses *Animaux malades de la peste*, car même le Très Saint-Père n'est pas à l'abri de la contagion. Le Vatican vient de missionner un consultant, Pier Francesco Pinelli, issu du cabinet Bain, pour réorganiser l'un de ses dicastères, l'équivalent d'un ministère dans un État laïc.

Les Infiltrés ne connaissent pas de frontière. Et la France n'est pas le seul pays avide de conseils, ne faisant que suivre les Allemands et les Britanniques qui, en Europe, en ont été les premiers, et les plus gros consommateurs. Au milieu des années 2000, les Espagnols et les Italiens s'y sont mis eux aussi. Pendant trois décennies, cette intrusion des cabinets dans la gouvernance des États a suscité peu de polémiques. D'autant moins qu'elle est demeurée longtemps peu visible. Aujourd'hui, les opinions publiques se réveillent. En Allemagne, Ursula von der Leyen, l'actuelle présidente de la Commission européenne, a été obligée de s'expliquer sur ses dépenses folles de consulting du temps où elle était en poste à Bonn. L'ex-ministre de la Défense a fini par admettre, en février 2020, avoir commis des « fautes ». En Italie, moins d'un an plus tard, le chef du gouvernement, Mario Draghi, a dû faire face à une bronca parlementaire, une fois connue l'intervention de McKinsey dans le cadre du plan de relance appliqué à la péninsule. En Belgique, en novembre 2021, c'est la cellule belge contre le Covid, la GEES, qui a été prise dans la tempête lorsque le journal *Le Soir* a raconté comment ses experts se sont fait épauler par la firme américaine, supposée travailler gratuitement, mais rémunérée en réalité 500 000 euros.

Les critiques fusent jusque dans le très libéral Royaume-Uni, après les révélations du *Guardian* sur les 65 millions d'euros de conseil dépensés par Boris Johnson durant la première année de l'épidémie de Covid-19. La Commission européenne se retrouve tout autant sur la sellette pour avoir commandé, entre 2016 et 2019, pas moins de 462 millions d'euros d'études. Quant à l'Agence européenne pour l'asile, il lui a fallu justifier, sans parvenir à convaincre, pourquoi elle s'était fait assister par McKinsey (encore), lors de la crise migratoire de 2015-2016. Une aide qui s'est soldée par une facture de… 992 000 euros.

En France, la population n'en est pas encore à réclamer bruyamment des comptes. Mais les prémices d'une contestation sont là. La révélation de l'implication de McKinsey dans la stratégie vaccinale du ministère de la Santé a suscité les critiques de nombreux députés, des communistes au membres des LR. Une première commission d'enquête au Sénat réclame la transparence sur les chiffres. Le silence constituerait la pire des réponses pour le gouvernement. Il ne s'apparenterait pas seulement à un déni de démocratie. L'opacité de ceux qui dirigent, on le sait, entretient le populisme, et nourrit les complotistes. Cette tentation existe pourtant. «Je pense que, si nous avions eu le choix, il aurait été préférable de ne pas rendre public les contrats signés pendant le Covid», nous a ainsi confié un ancien de conseiller de Matignon... Terrible aveuglement.

Car, chaque jour, les citoyens constatent l'écart grandissant entre la charge des impôts et la qualité des services publics. Un État fort, présent dans tous ses territoires, capable d'assumer ses missions régaliennes, était une revendication des Gilets Jaunes, que le personnel politique s'est empressé d'oublier, une fois les ronds-points désertés. L'État doit donc établir un diagnostic précis de ses dépenses en consulting, et surtout en reprendre impérativement le contrôle. Il lui faut au plus vite engager des acheteurs intraitables pour négocier pied à pied les contrats avec les cabinets, former les meilleurs chefs de projet informatiques dans les grandes écoles de la République pour piloter les grands chantiers numériques qui dessinent une Administration modernisée, et surtout arrêter de confier à des acteurs privés la définition du service public. Il ne s'agit pas de bouter hors de l'État jusqu'au dernier des consultants. La priorité consiste à stopper un processus de privatisation larvée afin de bâtir un futur commun. Ministres et hauts fonctionnaires doivent en urgence se «désintoxiquer» du consulting, réapprendre à penser par eux-mêmes, et cesser d'être les faire-valoir des grands cabinets américains. C'est au prix de cet effort qu'ils redeviendront ce qu'ils n'auraient jamais dû cesser d'être, d'authentiques responsables politiques. À l'heure où nous terminons ce livre, alors que la campagne présidentielle bat son plein, les consultants sont déjà à la manœuvre. Frédéric Lemoine – huit ans chez Capgemini puis chez McKinsey – s'est vu charger par Valérie Pécresse de penser son programme. Et c'est à une autre ancienne de McKinsey, Marguerite Cazeneuve, qu'Emmanuel Macron a confié le soin de réfléchir à sa future réforme des retraites. Cela pose une question cruciale : qui décide de notre avenir et du périmètre d'action de notre État ? Les candidats qui sollicitent le suffrage populaire ou les consultants qui nourrissent leurs programmes et les mettent ensuite en musique dans les ministères ? Jusqu'ici, aucun responsable politique n'a osé aborder ce sujet – et on comprend pourquoi. Ce silence n'a que trop duré. Arrêtons de donner autant de pouvoir et d'argent aux grandes sociétés de consulting.

NOTES

1. Voir le détail des plus grands cabinets de conseil en annexe, p. 197.
2. Sondage Ipsos pour l'Association des hauts fonctionnaires territoriaux, réalisé en octobre 2018. Observatoire de la vie quotidienne des Français, effectué par BVA pour la presse régionale en septembre 2019. Consultation nationale des agents et usagers du service public, lancée par le gouvernement entre novembre 2017 et mars 2018.
3. Jean-Claude Gallet, Romain Gubert, *Éloge du courage*, Grasset, 2020.
4. *Le Canard enchaîné* du 6 janvier 2021.
5. Antton Rouget, « Vaccination contre la Covid-19 : une faille béante dans le secret médical », *Mediapart*, 27 janvier 2021.
6. Ce plafond a été augmenté à 100 000 euros par la loi d'accélération et de simplification de l'action publique du 7 décembre 2020 pour une durée de deux ans.
7. Boris Manenti, « StopCovid : une application au coût salé », *L'Obs*, 2 juin 2020.
8. Claude Revel, *Nous et le reste du monde : les vrais atouts de la France dans la mondialisation*, Saint-Simon, 2007 ; Claude Revel, *La France : un pays sous influences ?*, Vuibert, 2012.
9. Philippe Ridet, *Le Monde*, 14 septembre 2006.
10. Isabelle Berrebi-Hoffmann, Pierre Grémion, « Élites intellectuelles et réforme de l'État », *Cahiers internationaux de sociologie*, 2009.
11. Isabelle Berrebi-Hoffmann, Pierre Grémion, *Ibid.* À la fin des années 2010, McKinsey a été mis en cause par la justice américaine pour avoir joué un rôle, au travers de ses

conseils aux grands laboratoires, dans la surprescription de médicaments à base d'opiacés, qui a coûté la vie à 500 000 personnes aux États-Unis. En février 2021, McKinsey a accepté de verser 573 millions de dollars pour éteindre les poursuites.

12. Michel Villette, *Sociologie du conseil en management*, La Découverte, 2003.
13. Arnaud Bouillin, « Nos ministres se paient des consultants de luxe », *Capital*, avril 2008.
14. Voir les conséquences dans le chapitre 9.
15. Fabien Gélédan, « Les cabinets de conseil au cœur de la RGPP » in *En finir avec le New Public Management*, sous la direction de Nicolas Matyjasik et Marcel Guenoun, Institut de la gestion publique et du développement économique, 2019.
16. *Le Canard enchaîné* du 13 août 2014.
17. Odile Henry et Frédéric Pierru, « Les consultants et la réforme des services publics », *Actes de la recherche en sciences sociales*, vol. 193, 2012 ; Nicolas Belorgey et Frédéric Pierru, « Une "consultocratie" hospitalière ? », *Les Tribunes de la santé*, n° 55, 2017.
18. Sébastien Soriano, *Un avenir pour le service public*, Odile Jacob, 2020.
19. Cour des comptes, *Le recours par l'État aux conseils extérieurs*, novembre 2014, et *Le recours aux marchés publics de consultants par les établissements publics de santé*, 2018.
20. À propos d'Éric Labaye, voir chapitre 4.
21. Contactés par nos soins, les consultants de McKinsey n'ont pas souhaité nous répondre, pas plus que Guillaume Charlin du BCG.
22. Yann Algan, Thomas Cazenave, *L'État en mode start-up*, Éditions Eyrolles, 2016.
23. Information rapportée par Fabrice Lhomme et Gérard Davet dans *Le Traître et le Néant*, paru aux éditions Fayard en octobre 2021.

24. Guillaume, dont le prénom a été changé, a voulu conserver son anonymat.
25. Nicolas Belorgey, *L'Hôpital sous pression, enquête sur le «nouveau management public»*, La Découverte, 2010.
26. Information révélée par Sophie Fay dans *L'Obs* du 24 mai 2021.
27. Julie Gervais, «Les sommets très privés de l'État : le club des acteurs de la modernisation et l'hybridation des élites», *Actes de la recherche en sciences sociales*, 2012.
28. Voir chapitre 7.
29. Sébastien Stenger, *Au cœur des cabinets d'audit et de conseil*, PUF, 2017.
30. Ces hauts fonctionnaires ont souhaité conserver l'anonymat.
31. Ces hauts fonctionnaires ont souhaité conserver l'anonymat.
32. Dans *Le Figaro* du 3 mars 2021.
33. Ces hauts fonctionnaires ont souhaité conserver l'anonymat.
34. Voir chapitres 8 et 9.
35. Interview accordée au *Figaro* en novembre 2021.
36. André Grimaldi, *Manifeste pour la santé 2022*, Odile Jacob, 2021.
37. Nicolas Belorgey, « Réduire le temps d'attente et de passage aux urgences – Une entreprise de "réforme" d'un service public et ses effets sociaux », *Actes de la recherche en sciences sociales*, 2011.
38. Jennifer Simoes, « Hôpital Édouard-Herriot : aux racines du malaise », *Mediacités*, 16 mai 2018.
39. Le général de Villiers n'a pas souhaité répondre à nos questions.
40. Information tirée d'une enquête de France Inter diffusée le 27 janvier 2018 dans l'émission «Secrets d'info».
41. Hadrien Clouet, «Externaliser l'armée : entre économie budgétaire et dégradation du travail», *Mondes sociaux*, juillet 2021.
42. Citation reprise du journal *Le Monde* du 30 novembre 2020.

43. Laurent Bonelli, « Quand les consultants se saisissent de la sécurité urbaine », *Savoir/Agir*, mars 2009.
44. « Le recours par l'État aux conseils extérieurs, communication à la commission des finances de l'État », Cour des comptes, novembre 2014.
45. France Info, 25 octobre 2018.
46. « Automobile : dans les coulisses de la mission de Roland Berger à la Fonderie du Poitou Fonte », Consultor.fr, 16 juillet 2020.
47. Agences, instituts, universités, musées, y compris Pôle Emploi, Ademe etc.
48. L'affaire judiciaire est toujours en cours au moment de la publication de ce livre. Un premier jugement est prévu le 22 janvier 2022.

ANNEXE

LES PLUS GRANDS CABINETS DE CONSEIL DANS LE MONDE

Nom : Accenture
Siège : Irlande (Dublin)
Création : 1989 sous le nom Andersen Consulting
Activité : conseil en organisation et technologies de l'information
Salariés : 674 000
Dont France : 7 500
Chiffre d'affaires (2021) : 50,5 milliards de dollars

Nom : Bain
Siège : États-Unis (Boston)
Création : 1973
Activité : conseil en stratégie
Salariés : 12 000
Dont France : 300
Chiffre d'affaires (2019) : 4,5 milliards de dollars

Nom : Boston Consulting Group
Siège : États-Unis (Boston)
Création : 1963
Activité : conseil en stratégie
Salariés : 22 000
Dont France : 650
Chiffre d'affaires (2020) : 8,6 milliards de dollars

Nom : Capgemini
Siège : France (Issy-les-Moulineaux)
Création : 1967
Activité : conseil en organisation et transformation digitale
Salariés : 270 000
Dont France : 1 500
Chiffre d'affaires (2020) : 16 milliards d'euros

Nom : Deloitte
Siège : Royaume-Uni (Londres)
Création : 1845
Activité : conseil en organisation et audit
Salariés : 345000
Dont France : 2 570
Chiffre d'affaires (2020) : 50,2 milliards de dollars

Nom : EY (ex Ernst & Young)
Siège : Royaume-Uni (Londres)
Création : 1989
Activité : conseil en organisation et audit
Salariés : 312 250
Dont France : 1 200
Chiffre d'affaires (2021) : 40 milliards de dollars

Nom : KPMG
Siège : Pays-Bas (Amsterdam)
Création : 1987
Activité : conseil en organisation et audit
Salariés : 227 000
Dont France : 1 700
Chiffre d'affaires (2018) : 29,2 milliards de dollars

Les plus grands cabinets de conseil dans le monde

Nom : McKinsey
Siège : États-Unis (New-York)
Création : 1926
Activité : conseil en stratégie
Salariés : 33 000
Dont France : 620
Chiffre d'affaires (2020) : 10,6 milliards de dollars (est.)

Nom : PWC (PrivewaterhouseCooper)
Siège : États-Unis (New York)
Création : 1998
Activité : conseil en stratégie et audit
Salariés : 276 000
Dont France : 1 400
Chiffre d'affaires (2020) : 43 milliards de dollars

Nom : Roland Berger
Siège : Allemagne (Munich)
Création : 1967
Activité : conseil en stratégie
Salariés : 2 400
Dont France : 200
Chiffre d'affaires (2018) : 670 millions d'euros

Sources : *Le Guide des cabinets de conseil en management*, Jean-Baptiste Hugot, avec la collaboration d'Isabelle Lefrançois, Éditions du Management, 15e édition, 2021 ; sites des entreprises ; magazines *Forbes* et *Challenges*.

REMERCIEMENTS

Merci d'abord à tous ceux, qui au sein du service public, ou dans des cabinets de consulting, nous ont apporté leurs témoignages. Sans leur confiance, cet ouvrage n'aurait pas vu le jour. Nous voulons témoigner aussi notre reconnaissance à Guillaume Allary qui s'est enthousiasmé pour ce projet et qui nous aura accompagné avec son équipe tout au long de notre travail. Merci également à Cécile Prieur, la directrice de la rédaction de *L'Obs*, qui nous a permis de mener notre première enquête, et de la poursuivre. Nous exprimons enfin notre gratitude à Marie-France Etchegoin pour sa relecture attentive, et à Nicolas pour son soutien de tous les instants.

Nous avons une pensée particulière pour Philippe avec qui nous aurions eu, à n'en pas douter, des discussions joyeuses et passionnées au sujet de ce livre.

TABLE DES MATIÈRES

www.allary-editions.fr

Création graphique de la couverture : Raphaëlle Faguer
Ouvrage composé en Plantin

Cet ouvrage a été imprimé sur du papier issu
de forêts gérées de manière responsable.

MIXTE
Papier issu de
sources responsables
FSC® C003309
FSC www.fsc.org

ISBN : 978-2-37073-403-7
Achevé d'imprimer en février 2022
par Normandie Roto Impression s.a.s.
à Lonrai (61)

--

N° d'impression : 2200593
Dépôt légal : février 2022.

Imprimé en France